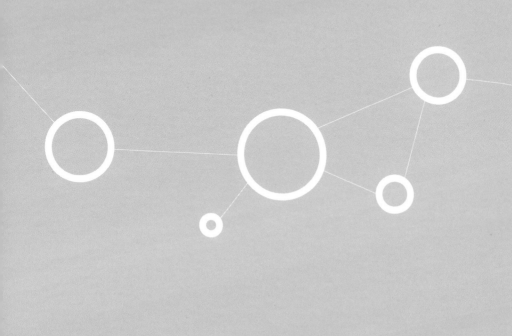

王灿 王荣辉 主编

《孙子兵法》中的谋略艺术

智胜之道

THE ART OF STRATEGY
IN SUN TZU'S ART OF
WAR

社会科学文献出版社
SOCIAL SCIENCES ACADEMIC PRESS (CHINA)

编委会

主　　编　王　灿　王荣辉

副主编　赵战彪　黄俊卿

编　　者　穆　歌　王　晖　徐　欣

　　　　　　孙俊峰　康婧雅　王　团

　　　　　　张大鹏　何天鹏　吕　莹

目　录

序　言

中国文化思想源远博大，古圣先贤的哲学思想与政治主张，虽各有不同，但对军事武备问题却都极为重视，如孔子的"足食足兵"、墨家的"非战寝攻"、老子的"以正治国，以奇用兵"、法家的"富国强兵"等思想，都是重视武备，力主抵抗侵略，这些都是我国文化为文武合一之明证。而我国的军事思想，早在三千多年前姜太公作《六韬》以开宗，至孙武著《孙子兵法》十三篇始集其大成。

《孙子兵法》是我国最伟大的兵学名著之一，以求知、求先、求全、求善为理想目标，以不战而屈人之兵为最高原则。我国古代兵著甚多，也各有特色，而《孙子兵法》可谓出类拔萃，无可比肩。三国曹魏政权奠基人曹操说："吾观兵书战策多矣，孙武所著深矣！"[1]唐太宗李世民说："朕观诸兵书，无出孙武！"[2]唐朝大诗人杜牧评孙武说："自古以兵著书列于后世，可以教于后生者，凡十数家，且百万言。其孙武所著十三篇，自武死后凡千岁，将兵者有成者、有败者，勘其事迹，皆与武所著书一一相抵

---

① 《曹操集》，中华书局，2018。
② 《兵经百字　唐李问对》，中州古籍出版社，2018。

当，犹印圈模刻，一不差跌。"① 北宋武学博士何去非说："昔之以兵为书者，无若孙武。"② 明代抗倭名将戚继光亦说："孙武之法，纲领精微莫加矣……犹禅家所谓上乘之教也。"③ 清代思想家梁启超说："孙武一书，兵学之精神备焉！"④ 英国战略家李德·哈特也认为："《孙子兵法》是世界上最早的兵法著作，但其内容之全面与理解之深刻，迄今还无人超过。"⑤ 美国当代战略学家约翰·柯林斯说："孙武是古代第一个形成战略思想的伟大人物。"日本汉学家平山潜说："夫孔子者，儒圣也，孙武者，兵圣也。天不生孔子，则斯文之统以坠；天不生孙武，则战乱之武曷张！故后世儒者，不能外于孔夫子而他求；兵家不得背于孙武而别进矣。是以文武并立，而天地之道始全焉！"⑥ 可见对于《孙子兵法》，古今中外均极为尊崇。

当前美、日、德等国军事院校及商学院，多将《孙子兵法》列为教材，作为必修或选修课程，在世界军事思想史上，《孙子兵法》确立了崇高的地位，历代中外名将无不直接间接受其影响。《孙子兵法》虽然仅有十三篇，六千余字，然而言简意赅，博大精深，均为兵学理论的金科玉律，将战争基本原理道之无遗，纲举目张，曲尽精微，"取之无尽，用之不竭。是造物者之无尽藏也"。

《孙子兵法》问世至今，已有2500多年，这期间人类社会发生了天翻地覆的变化，战争也由冷兵器时代迈入核威慑背景下的

① （唐）杜牧：《樊川文集·注孙子序》，陈允吉校点，上海古籍出版社，2007。
② 冯东礼：《何博士备论注译》，解放军出版社，1990。
③ （明）戚继光：《纪效新书》，中华书局，2017。
④ （清）梁启超：《饮冰室合集》，中华书局，1989。
⑤ 〔英〕李德·哈特：《战略论：间接路线》，上海人民出版社，2010。
⑥ 苏桂亮等编《日本孙子书知见录》，齐鲁书社，2009。

信息化战争时代。《孙子兵法》的军事思想能否继续指导当代军事实践，这是摆在军事思想界面前的一个十分重要且紧迫的现实问题。本书以当代军事的观察视角，尝试对《孙子兵法》蕴含的战争观、战略运筹思想、用兵思想、制敌思想、治军思想等军事思想精华进行解析，赋予中华传统军事智慧以新的时代价值。

编 者

2021 年 1 月

| 第一章 |
重战、慎战、备战的战争观

　　战争观是人们对战争的总体看法和根本态度，包括对战争根源、战争本质、战争性质、战争目的、战争制胜规律、战争与和平的关系等问题的看法。人类历史发展与战争相伴相生，自从人类社会出现了战争这个异常暴戾却又无法避免的"怪物"以来，人们就开始试图从理性角度来认识它、理解它、驾驭它。产生于两千多年前的《孙子兵法》，有着比较丰富的朴素战争观，尽管它是春秋时代的产物，但因其中蕴含了反映战争基本规律的思想精华而长盛不衰，对研究现代军事问题有非常重要的指导价值。孙武的战争观包括的内容是多方面的，这里主要从重战、慎战和备战三个方面加以说明。

第一节　重战：兵者，国之大事

　　孙武在开篇提出的"兵者，国之大事，死生之地，存亡之道，不可不察也"，即战争是国家大事，事关军民生死、国家存亡，是不能不认真对待和研究的。这一段话开宗明义，表述了孙武对待战争的基本态度，也是他撰著整部兵书的出发点。

孙武生活的春秋时期，正是我国历史上第一个乱世，各诸侯国之间利益复杂、斗争激烈，国与国之间互相讨伐兼并，战争是常有的事。国家打了胜仗，就获得了土地、人口以及贡赋等；打了败仗，就要接受奴役、掠夺，甚至遭到亡国之灾。据《鲁史》记载，仅在242年间，列国间的军事行动就达到483次。春秋时代见于记载的共有148国，到末年，只存周、鲁、齐、晋、楚、宋、郑、卫、秦、吴、越11国。还有些极小的国家，侥幸存在，寥寥无几。以孙武身处的吴国为例，为了与楚国争霸，从公元前584年到公元前514年的70年间，吴、楚先后发生过十次大规模的战争。从公元前512年到公元前506年，吴、楚又在淮水以南、大别山以东的边境地区进行了6年的车轮战。最后在公元前506年的柏举之战中，吴国举全军之力一举攻入楚国都城，给楚国以重创，实现了霸业。这一仗被我国著名历史学家范文澜称为"东周时期第一个大战争"。

春秋时期人们已经开始认识到战争的重要性，但受到时代条件的限制，这种认识只是朦胧、偏颇的，甚至带有迷信色彩。当时用战争胜败作为判断国君好坏的标准。想取得战争胜利因而进行一些政治改良的，就算贤君。不准备战争，专门虐民奢侈的，就是坏君。例如楚康王即位五年，自称没有北伐，怕死后见不得祖宗。晋大夫叔向批评晋国军备废弛，民穷政暴快要衰亡。还有国内遭遇天灾，就说发动战争可以免祸，例如卫国大旱，大夫宁速主张伐邢等。封建领主间充满着矛盾，对外紧张，内部关系比较缓和；反之，对外缓和，内部关系就会紧张。所谓"无敌国外患者，国恒亡"，所以统治阶级喜欢发动侵略战争。东周列国之间斗争尚且如此激烈，对诸如狄、夷、戎等其他民族，更是多靠战争征服。

　　虽然由于时代的局限，孙武并没有认识到战争的本质是政治的继续，但他揭示了战争对国家安全的重要影响，即在任何情况下，战争关乎国家的安危、民族的存亡、人民的生死。公元前260年的长平之战，是赵国与秦国对赌国运的一场大战。结果赵国被秦国打败，40余万赵军被活埋在太行山的峡谷里，赵国随即失去了与秦国相抗衡的实力。世界四大文明古国之一巴比伦之所以没有流传下来，也是因为歌舞升平，输掉了战争，被亚述人一把火烧成废墟，最古老的文明从此在地图上消失。

　　国防大学马骏教授曾讲道，毛泽东有句话讲得透彻，谁也不想退出历史舞台。既然不想退出历史舞台，就得有一支强大的军队。对于君主而言，打赢战争就有了一切，打不赢战争，他的生命也不一定能够保障。所以对于统治者来讲，都不敢不把战争当回事，即便国家再穷，也要养兵打仗。对国家统治来讲，解决挨打问题要比解决挨饿问题重要。宋朝是我国历史上一个经济繁荣的朝代，但却害怕打仗，重文抑武，军事力量衰弱，北宋最后两个皇帝宋徽宗、宋钦宗父子俩都被金兵掳走，百般羞辱，到死也没放回来。正所谓"靖康耻，犹未雪，臣子恨，何时灭"，昔日一国之君颜面扫地，国土被践踏，人民被残杀，真是何等屈辱！

　　由于战争的残酷性、破坏性以及战争胜负对政治的影响力特别巨大，所以战争历来为人们所重视。新中国的成立正是在经受了国民革命、抗日战争、解放战争血与火的洗礼基础上实现的，新中国的发展也与一场艰苦卓绝的战争密不可分，那就是抗美援朝战争。1950年，刚刚从战火中走出来的新中国百废待兴，经济非常困难。这时候朝鲜战争爆发，美国带领16个国家的联军，号称世界上最强大的军队，在仁川登陆向三十八度线逼近。形势迫在眉睫，毛泽东为什么坚持要出兵朝鲜？我们想不想打？不想！不打行不行？答案是不行！唇亡齿寒，如果朝鲜被吞灭，"联合国军"兵临鸭绿江，我们国家的处境将十分危险。彭德怀提出与其晚打，不如早打，打完了再建设。毛泽东十分认可，说打得一拳开，免得百拳来。我们抗美援朝就是保家卫国。所以在极其困难的条件下，又打了三年。但这一仗，不仅巩固了新生政权，改善了东北亚安全形势，还树立了我国在世界上的军事强国地位，打出了到现在为止都能看得到的战略空间，威震世界。

在人类已迈入 21 世纪的今天，和平与发展这两大问题一个也没有得到根本解决。国家之间发生利益冲突，最终还是要靠武力解决。所以，对于战争，必须高度重视，认真研究，慎重对待。历史唯物主义和辩证唯物主义战争观认为，战争不是从来就有的，它是人类社会发展到一定阶段的产物，是伴随着生产资料私有制产生、阶级出现和国家形成才出现的，是与阶级社会相伴相生的一种特殊社会历史现象。战争的根本原因是国家、阶级、民族、宗教等集团间对抗性的矛盾和利益冲突。在历史上，各种原因引发的战争连绵不断，极大地影响着历史发展进程。只要阶级、民族、国家和政治集团之间存在矛盾，战争作为政治的继续，就不会消亡。

当今世界并不太平。国际形势深刻演变，国际力量对比、全球治理体系结构、亚太地缘战略格局和国际经济、科技、军事竞争格局正在发生历史性变化，世界正面临前所未有之大变局。虽然维护和平的力量在上升，制约战争的因素在增多，在可预见的未来，世界大战打不起来，总体和平态势可望保持。但是，霸权主义、强权政治和新干涉主义有新的发展，各种国际力量围绕权力和权益再分配的斗争趋于激烈，恐怖主义活动日益活跃，民族宗教矛盾、边界领土争端等热点复杂多变，世界依然面临现实和潜在的局部战争威胁。放眼全球，战争时刻都在进行中。从2010年至今，美国联合盟友先后发动了对利比亚、叙利亚的军事打击；俄罗斯出于国家安全和利益考虑，也发动了对乌克兰的军事行动，并派出联合部队参加叙利亚战争；由于民族、宗教、领土争端等原因，中东、南亚、东非等热点地区武装冲突更是持续不断，小战不断、冲突不止、危机频发已经成为一些地区的常态。

世界新军事革命深入发展，武器装备远程精确化、智能化、隐身化、无人化趋势明显，太空和网络空间成为各方战略竞争新的制高点，战争形态加速向信息化演变。世界主要国家积极调整国家安全战略和防务政策，加紧推进军事转型，重塑军事力量体系。军事技术和战争形态的革命性变化，对国际政治军事格局产生重大影响，对中国军事安全带来新的严峻挑战。

和平年代来之不易，战争的达摩克利斯之剑始终悬在头顶。《孙子兵法》开篇关于"兵者，国之大事"的告诫，犹如警钟长鸣，提醒我们要十分重视战争，时刻不忘加强军队和国防建设，时刻不忘增强全民族的国防意识。历史的经验告诉我们：对于一个国家和民族来说，最可怕的，不是经济技术及武器装备的暂时落后，而是和平麻痹带来的国防意识淡化，思想观念落后，并导致发展上的停滞不前。因为越是相对和平时期，人们的国防意识越容易淡化，对军队和国防建设的地位越容易轻视，军事思想越容易落后，也正是这种和平时期意识的淡化、认识的不足、思想的落后，往往埋下战时惨败的祸根。历史告诉我们，被和平打败的国家远超过被战争打败的国家。

我们必须重视加强国防和军队建设，维护国家的独立、主权安全、国家统一、领土完整、民族尊严等国家利益不受侵犯，为我国实现两个一百年奋斗目标，创造和平、稳定的国际国内环境提供强有力的支撑。

第二节　慎战：非利不动，非得不用，非危不战

孙武慎战思想是与重战思想相联系的。他把战争推高到"国家大事"的显著位置，但他所谓的重战并不是频开战端，四处征战，穷兵黩武。"兵犹火也，弗戢将自焚也。"即便是取得了胜利，战争吞噬生命、消耗国力的副产品也是国家难以承受的，更何况还要冒失败的风险。因此在重视战争的同时，还必须对战争采取谨慎态度。既知战争之利，又晓战争之害，从长计议，权衡利弊，十分慎重地做出战争决策。

第十二篇《火攻》末尾的一句话集中地表述了这个思想："夫战胜攻取而不修其功者，凶，命曰'费留'。"意思是：打了胜仗，夺取了土地城邑，却不能达到战略目的的会遭殃，这就叫做劳民伤财。"故曰：明主虑之，良将修之。非利不动，非得不用，非危不战。主不可以怒而兴师，将不可以愠而致战。合于利而动，不合于利而止。怒可以复喜，愠可以复悦；亡国不可以复存，死者不可以复生。故明君慎之，良将警之。此安国全军之道也。"所以说，英明的君主要慎重地考虑战争，贤良的将帅会认真研究战争。于国不利就不要采取军事行动，没有陷入危险就不要用兵。君主不可以因一时之怒而兴师，将领不可以因一时恼火而开战。符合国家长远利益就行动，不符合国家长远利益就停止。愤怒可以转为高兴，恼火可以转为喜悦，但是国家灭亡了就不再存在，死去的人也不可能再活过来。明智的君主对战争要慎重，贤良的将领对战争要警惕。这就是安定国家、保全军队的根本原则。在这里孙武把慎战思想表达得十分清晰、到位。他提出

慎战的基本原则是"非利不动,非得不用,非危不战"。就是说决定一场战争是打还是不打,有三条原则必须遵守:一是看这场战争是不是符合国家的根本利益;二是看国家进行这场战争有无必胜的把握;三是看国家是不是到了非战不可的危亡关头。他特别强调,操纵战争机器的人,不能"怒而兴师","愠而致战",任由个人好恶和情绪变化主导战争决策。

孙武慎战思想是着眼于当时的多极战略环境而提出的。春秋时代,王室衰微,诸侯力政。各诸侯国由于政治、经济、军事发展不平衡,有的崛起,有的衰落。齐、晋、楚、秦社会改革成效显著,又有优越的地理条件,发展较快,先后称霸。其中的晋、楚又分别扶持吴、越作为各自的争霸伙伴,吴、越以此为转机迅速发展壮大,跨入大国的行列。这就构成了当时诸侯国的"多极"格局,保持着相互制约下的平衡,这种战略环境下,各国都有现实的竞争对手,又有潜在的敌人。这种多极竞争的特点是:对手不止一个而是多个,挑战不止来自一方而可能是多方,构成了复杂交错的三角或多边关系,而这种关系又不等同于双边关系的简单叠加、双向互动,而是多种因素的有机复合,有时是牵一发而动全身。各国由于受各自利害的驱动,敌、我、友的关系也会因时、因地而转移,从而增加了局势的复杂性和不确定性。竞争中任何一极战略竞争行为的成败,都可能导致整个战略格局的失衡,客观形势要求各国必须讲究斗争的艺术。所谓"上兵伐谋,其次伐交,其次伐兵,其下攻城"。多极竞争中的最佳选择不是直接的"战胜攻取",而是借力获益、坐收渔利;最坏的选择是出力招损,即孙武所说的"战胜攻取而不修其功"。

所谓"战胜攻取而不修其功",原文是:"夫战胜攻取而不修其功者,凶,命曰'费留'。"对这句话有两种理解,都是有道理的。一是认为：打了胜仗，夺取了土地城邑，却不能达到战略目的，就会遭殃，这就叫做劳民伤财。1941年日本偷袭珍珠港就是一个典型的例子。日本明明知道自己的实力与美国根本无法匹敌，身为日本联合舰队司令的山本五十六本人也预测，即使重创美军太平洋舰队，也只不过能保持一年到一年半的优势，但他还是铤而走险，孤注一掷，这就是一种赌徒心理。他说了一句话，后来在一部电影中被引用："我恐怕我们将一个沉睡的巨人唤醒了，现在它充满了愤怒。"鲁莽的行动带来是彻底的灾难。美国宣布参战，帮助联军在诺曼底登陆，开辟第二战场。对日本更是毫不留情打击报复，在中途岛海战中重创日本联合舰队，在广岛、长崎投下原子弹，让日本人品尝了美国工业革命的最新成果，也吞下了搞军国主义殖民扩张的恶果。有句谚语说得好：欲使其灭亡，先使其疯狂。胆大妄为的日本人，赢了一场战斗，却输掉了整个战争。这就应验了孙武的那句话：打了胜仗，夺取了土地城邑，却不能达到战略目的的会遭殃。这个战例也启发我们：战略上的失败，战役战斗取得再辉煌的胜利也是无法挽回的。当年拿破仑远征俄国，莫斯科都攻下来了，然后怎么样呢？美国发动的越南战争，赢得了绝大多数战斗却输掉了整个战争。这样的例子太多了。

对这句话的另一种认识也很有道理：对敌完成"战争攻取"任务后，必须做好争取民心，巩固和扩大战果，达成控制局势，使之迅速走上正常轨道的工作。如果做不到这一点，就是白费功夫。在孙武看来，战争的目的之一就是取得胜利，但胜利并不意味着杀戮，赢得胜利是为了获得和平和恢复国家的秩序。孙武这一思想的提出，是对他本人亲身经历的吴楚战争的经验教训的总结。吴楚战争，吴王阖闾打败楚国，占领郢都之后，对于战败的楚国臣民，没有给予必要的礼遇与优抚，相反，吴军在郢都烧杀抢掠，还进入楚昭王的宫殿，"尽妻其后宫"，尽情享乐。吴军的暴行不仅激起楚国民众的极大愤慨，也为各诸侯国所不容。因而吴军很快在秦国的援军和楚军残部的联合反击下，被迫撤离了郢都。吴军入郢之后胜而不利的结果，无疑会对孙武产生强烈的震撼，从而得出"战胜攻取而不修其功者，凶"的结论。

现代国际关系理论认为，战胜国处理战败国的不同结果将直接影响战后和平的质量及其持续时间，宽恕战败国有利于战后和平的延长。这与孙武战后修功的思想是一致的。从这个角度回顾历史，我们也能得到一些启示：每一个国家都有扩张的欲望，但也都有可为与不可为、有得必有失，关键是把握好战略能力的底线和极限。忽必烈建立了横跨欧亚的元帝国，《元史》称其疆域"北逾阴山，西极流沙，东尽辽左，南越海表"，在世界史上是空前的。但元朝在中国仅存在了 98 年，为什么？原因就在于"战胜"无度，而"修功"无方。在蒙古人的武力统治下，压迫汉人、南人非常残酷。如：蒙古人犯死罪监禁，官司不得拷打。蒙古人殴打汉人，汉人不许还手等。无职庶人不许取名，只许用排行及父母年龄合计为名。如明初功臣常遇春曾祖名四三、祖名重五、父名六六。小民没有取名的权利，是何等的被轻视！政治极度腐败、对人民残酷的剥削、经济的崩溃等造成了元帝国内忧外患，终于分崩离析。纵观历史，国家衰亡，饿死的不多，撑死的不少。张文木认为，国家战略能力首先就是认识自己利益的底线和极限，底线是唯物论，极限是辩证法。一个国家的利益扩张线不在于有多长，关键是要能收回来，收不回来就会要命。

进入 20 世纪以来，经历漫长而残酷的两次世界大战，特别是见识到核武器首次运用于实战带来的巨大破坏力，人们开始意识到：战争的代价已经今非昔比，如果不对战争加以约束而任其升级，最终将达到整个人类文明玉石俱焚的程度，消灭了敌人也毁灭了自己，这个"凶"是无穷无尽的，想修"功"是修不回来的。二战结束后，在恐怖核平衡的背景下，以美、苏两国为首的两大阵营互相敌对、钩心斗角，以政治、经济、外交、代理人战争等形式不断对抗，但双方都没有挑起直接冲突，以避免全面核战争。古巴导弹危机时形势一度剑拔弩张，但最终在退让中化解。孙武慎战思想化身为"冷战"的形式持续了44年，对世界格局造成了巨大影响。

当前，随着冷战的结束，两极战略格局的解体，国际形势发生了新的变化，政治多极化、经济一体化、社会信息化深入发展，世界基本力量出现新的组合，逐步形成了与孙武时代相似的"多极"战略格局，国际社会日益成为你中有我、我中有你的命运共同体。一方面，世界多极化和经济全球化两大趋势，推动国际局势总体上继续走向缓和；另一方面，新旧格局转换带来的各种矛盾和冲突层出不穷，霸权主义、强权政治、极端主义有新的发展。维护世界和平与安全，建立公正合理的国际政治经济新秩序，依然是摆在世界人民面前的重要任务。实现这一目标的重要前提就是要努力促成和维护多极的世界格局。在此基础上，以军事斗争为底线，正确开展政治、经济、外交、文化等各个领域的斗争，才能确保世界的和平与稳定，实现人类的共同发展与繁荣。孙武慎战思想将为我们确立多极形势下军事斗争策略，驾驭斗争形势发展，掌握斗争主动权等提供有益借鉴。

第三节　备战：先为不可胜，以待敌之可胜

与重战、慎战相联系，孙武对备战也有独到的论述。重战的

本义是重视战争、慎战的核心是遏制战争，这些思想要想变成现实，都必须落脚到积极备战上。因此，如果说重战、慎战是孙武战争观的"认识篇"，备战则是孙武战争观的"行动篇"。

用一句话概括孙武的备战思想，就是要提高警惕，加强戒备，修炼内功，主动作为。《九变》篇提出，对敌人可能发动的进攻，应该采取的态度是"无恃其不来，恃吾有以待也；无恃其不攻，恃吾有所不可攻也"。意思是说，不要指望敌人不来打，而要依靠自己有准备以等待它，有备才能无患；不要指望敌人不进攻，而要依靠自己有了使敌人不可进攻的力量和办法。此所谓"能战方可言和"，以实力求和平则和平存，以退让求和平则和平失。正如习近平总书记指出的："能战方能止战，准备打才可能不必打，越不能打越可能挨打，这就是战争与和平的辩证法。"① 渴望和平，前提是准备好应对战争，做好打的准备。

那么备战是不是消极防守，等待敌人来进攻呢？并非如此。孙武很早就看到了备战不是单纯的防守，时机到来的时候还要发起反攻。他说："昔之善战者，先为不可胜，以待敌之可胜。不可胜在己，可胜在敌。"意思是说过去善于打仗的人，首先要创造不被敌方战胜的有利条件，来等待可以战胜敌人的机会。不会被敌战胜，这个权力在我手中；能不能战胜敌人，还在于敌人是否露出了破绽。又说"故善战者，立于不败之地，而不失敌之败也"，自己先立于不败之地，而不放过使敌失败的机会。在这两句话中，孙武都不忘强调"不失敌之败"，即能抓住机会主动进攻并造成敌人失败的，这才是善战者。

孙武关于"先为不可胜，以待敌之可胜"以及"立于不败

---

① 《习近平新时代中国特色社会主义思想学习纲要》，学习出版社、人民出版社，2019，第 192 页。

之地，而不失敌之败"的论述，与西方兵圣克劳塞维茨提出的"攻势防御"思想有异曲同工之妙，但比克劳塞维茨早了2300多年。无论东方兵圣强调的"不失敌之败"，还是西方兵圣强调的"攻势防御"，其核心思想是一致的，即强调把握好进攻和防御这两种战争基本类型的辩证关系，即攻防结合、寓攻于防。区别在于孙武的论述具有朴素的辩证主义色彩，强调了善战者应能做到审时度势、攻防结合，但由于整体写作风格舍事言理，因此对战争中具体如何进攻等问题语焉不详。相比之下，克劳塞维茨的论述对进攻和防御这两种基本作战类型则有着比较详细而且精彩的论述，如著名的"盾牌论"：防御这种作战形式绝不是单纯的盾牌，而是由巧妙的打击组成的盾牌；"利剑论"：迅速而猛烈地转入进攻是防御最光彩的部分，是闪闪发光的复仇利剑；"顶点论"：进攻中存在适情停止进攻的时刻，即进攻的顶点，应正确判断进攻的顶点，不要超过进攻的顶点；等等。从两位兵圣的论述中我们可以领略到战争艺术的魅力。此时此刻是进攻，还是防御？这是摆在任何战争指导者面前最重要、最核心的问题，

长期以来，积极防御战略思想一直是中国共产党军事指导思想的基本点。在革命战争实践中，中国共产党形成了一整套积极防御战略思想，坚持战略上防御与战役战斗上进攻的统一，坚持防御、自卫、后发制人的原则，坚持"人不犯我，我不犯人；人若犯我，我必犯人"等。用毛泽东的话说，"积极防御又叫攻势防御，又叫决战防御。消极防御，又叫专守防御，又叫单纯防御。消极防御实际上是假防御，只有积极防御才是真防御，才是为了反攻和进攻的防御"[①]。新中国成立后，中央军委确立积极防

---

① 《毛泽东军事文集》第 1 卷，军事科学出版社、中央文献出版社，1993，第 719 页。

御军事战略方针，并根据国家安全形势发展变化对积极防御军事战略方针的内容进行了多次调整。1993 年，制定新时期军事战略方针，以打赢现代技术特别是高技术条件下局部战争为军事斗争准备基点。2004 年，充实完善新时期军事战略方针，把军事斗争准备基点进一步调整为打赢信息化条件下的局部战争。

我国社会主义性质和国家根本利益，走和平发展道路的客观要求，决定了我国必须毫不动摇坚持积极防御战略思想，同时不断丰富和发展这一思想的内涵。新形势下，我们仍要坚持积极防御的战略方针，同时调整军事斗争准备基点，根据战争形态演变和国家安全形势，将军事斗争准备基点放在打赢信息化局部战争上，突出海上军事斗争和军事斗争准备，有效控制重大危机，妥善应对连锁反应，坚决捍卫国家领土主权、统一和安全。要创新基本作战思想，根据各个方向安全威胁和军队能力建设实际，坚持灵活机动、自主作战的原则，你打你的、我打我的，运用诸军兵种一体化作战力量，实施信息主导、精打要害、联合制胜的体系作战。要优化军事战略布局，根据中国地缘战略环境、面临安全威胁和军队战略任务，构建全局统筹、分区负责、相互策应、互为一体的战略部署和军事布势；应对太空、网络空间等新型安全领域威胁，维护共同安全；加强海外利益攸关区国际安全合作，维护海外利益安全。总之，以积极的备战行动，实现有效止战、随时能战、战之必胜的目标。

兵法点评

重战、慎战、备战，这就是孙武的战争观思想。孙武的战争观思想与其兵学体系有什么关系呢？我们知道，任何一个兵学体系都是建立在战争观基础上的。孙武对战争的基本认识以及由此而持的根本态度，是孙武构筑其兵学体系的坚实基础。正是由于重战，他才从宏观的高度来考虑战争问题，提倡"安国全军之道"，以确保自己永远立于不败之地；正是由于慎战，他才推崇"全胜"以求用最小的代价换取最大的胜利；正是由于备战，他才强调探索制胜之道以掌握战争的主动权。

孙武的全部理论的基点就是他的战争观。正是由于这些对战争的基本认识和基本态度是正确的，以此为基础搭建起来的兵学体系才能历经 2500 余年而屹立不倒。在国际形势云谲波诡、多极竞争日趋激烈、安全形势复杂严峻的今天，孙武重战、慎战、备战的战争观思想对维护我国安全和发展的根本利益仍具有重要的指导价值。

第二章

知、算、诈、全的战略运筹概则

现代意义上的"战略"是指对军事力量运用与建设全局的筹划和指导，包括战时和平时的各种样式的军事斗争。在我国古代，战略则专指对战争全局的运筹和谋划，即指导战争全局的方略。这是由于当时社会集团的联系比较简单，斗争方式也比较单一，当发生利益矛盾和冲突时，因为没有更多选择手段和方式的自由，常常是直接诉诸武力，决一雌雄，因此战争频繁发生。中国古代兵书大多围绕打赢战争阐述战略问题，《孙子兵法》也不例外。事实上，孙武是举世公认的战略大师，《孙子兵法》被认为是中国最早阐述战略问题的著作。《孙子兵法》中对于指导战争的战略问题，也就是如何制定战略目标，如何运筹帷幄、决胜千里等问题，提出了许多深邃的思想。这些思想集中体现为先知后动、胜机"庙算"、兵以诈立、全胜为上等指导原则。在以和平发展为时代主题的今天，这些指导原则更加闪耀出夺目的智慧光芒。

第一节　先知后动：知彼知己，百战不殆

孙武提出的"知彼知己，百战不殆"的著名原则，符合唯物

主义的认识论和辩证法，揭示了战争的一般规律，至今仍是指导战争的科学真理。当今世界已步入信息时代，信息已经成为构成战斗力的重要因素，而且越来越起决定性作用。先敌而掌握信息权，是在战争或者其他斗争中立于不败之地的先决条件。

《孙子兵法》13篇，几乎每篇都有对"知"的论述；书中共6000余字，其中"知"字共出现了79次之多，最为频繁，可见孙武对"知"的重视。例如，第三篇《谋攻》中指出："知彼知己，百战不殆；不知彼而知己，一胜一负；不知彼不知己，每战必殆。"意思是了解敌人，了解自己，百战都不会有危险；不了解敌人而了解自己，胜败的可能性各半；不了解敌人也不了解自己，那就每战都有危险了。

再比如，第十篇《地形》中说："知吾卒之可以击，而不知敌之不可击，胜之半也；知敌之可击，而不知吾卒之不可以击，胜之半也；知敌之可击，知吾卒之可以击，而不知地形之不可以战，胜之半也。故知兵者，动而不迷，举而不穷。故曰：知彼知己，胜乃不殆；知天知地，胜乃可全。"意思是说：如果只知道我军具备了作战取胜的条件，而不了解敌人，贸然去攻击，取胜的把握只有一半；如果只了解敌人有隙可乘，而不了解自己的军队尚不具备战胜敌人的条件，取胜的把握只有一半；如果了解敌人有隙可乘，又了解自己的军队具备了战胜敌人的条件，但不了解地形对我作战不利，胜利的把握仍然只有一半。所以说，真正善于用兵的人应该头脑清醒，对情况了如指掌，指挥作战从不迷惑，处置手段变化无穷。因此说，既了解敌人的情况又了解自己一方的情况，就不会打败仗了，如果再考虑了天时、地利的因素，胜利就会永远青睐自己。由此可见，孙武所讲的"知"，不仅包括对敌情的了解，对我情的熟知，还包括对地形、天候的了解、掌握与利用。

又比如，在终篇《用间》中，孙武还严厉批评那种"不知彼，不知己"的人。他写道："凡兴师十万，出征千里，百姓之费，公家之奉，日费千金。内外骚动，怠于道路，不得操事者，七十万家。相守数年，以争一日之胜，而爱爵禄百金，不知敌之情者，不仁之至也，非民之将也，非主之佐也，非胜之主也。故明君贤将所以动而胜人，成功出于众者，先知也。"翻译成白话就是，凡是打仗用兵十万，出征千里，老百姓的耗费，国库的开支，每天要花费千金之多。并且给全国内外带来动乱和不安，运输军需物资的队伍和行军的兵卒疲惫地在道路上来回奔走，因此不能耕作的将有七十万家。这样相持几年，只为了争得一朝胜利。如果吝惜爵禄和金钱而忽视情报工作，以致不能了解敌情而失败，那就是最不仁慈的人，就不是良好的将领，不是国君的好辅佐，不是能打胜仗的主帅。因此，古往今来的明君贤将之所以一出兵就马到成功，功绩卓著，就在于他们事先了解了敌情。在这里，他连用一个"至"三个"非"来加强语气，反复强调一个观点，那就是不明敌情、轻率用兵，是极其愚蠢的行为。在为全书画龙点睛的最终篇，孙武以这样严厉的语气反复强调"先知后动"的重要性，其告诫之殷切可见一斑。

毛泽东曾经指出，多打胜仗、少打败仗的关键，"就在于把主观和客观二者之间好好地符合起来"①。对此还有一段极为精辟的论述："指挥员的正确的部署来源于正确的决心，正确的决心来源于正确的判断，正确的判断来源于周到的和必要的侦察，和对于各种侦察材料的联贯起来的思索。指挥员使用一切可能的和

---

① 《毛泽东选集》第 1 卷，人民出版社，1991，第 179 页。

必要的侦察手段，将侦察得来的敌方情况和各种材料加以去粗取精、去伪存真、由此及彼、由表及里的思索，然后将自己方面的情况加上去，研究双方的对比和相互的关系，因而构成判断，定下决心，作出计划，——这是军事家在作出每一个战略、战役或战斗的计划之前的一个整个的认识情况的过程。"①因此，要使主观指导符合客观实际，应当首先知晓客观实际是什么，这就离不开侦察情报工作。

现代战争科学理论认为，军队是典型的复杂系统，复杂系统具有适应环境变化，不断自组织进化的功能。这个适应能力非常重要、有高有低，事实上两军在对抗的过程中，比拼的就是适应能力。这种适应能力主要表现在对战场态势的感知能力，对作战系统结构的调整能力，以及在战争过程中的学习能力。这其中，对战场态势的感知能力又是第一位的。谁能率先感知态势的变化，谁就能率先做出响应，系统就能率先进行适应性进化，从而形成克敌制胜的优势。博伊德的"OODA"理论认为，一切作战行动都可以看作感知—认知—决策—行动的循环过程。这一循环链条的逻辑起点就是态势感知。这些当代军事科学理论都与孙武的先知后动思想不谋而合。

怎样做到"先知后动"呢？当然是靠出色的情报工作。在孙武那个年代，受到科技发展水平的限制，获取情报的方法主要有两种。第一种是侦察，就是孙武说的"相敌"。《行军》篇中总结了32种"相敌"之法，力求在行军、接敌、对峙、交战全过程中，充分掌握敌情。如根据"众树动者""鸟起者""尘高而锐者"等自然环境判断敌方行动；通过观察"近而静者""辞卑

---

① 《毛泽东选集》第1卷，人民出版社，1991，第179~180页。

而益备者""辞强而进驱者"等敌军态势判明敌真实企图;从"杖而立者""汲而先饮者""见利而不进者"等敌方官兵外在表现料知敌军的实力与军心,等等。

孙武总结的"相敌"之法,既包含了对情报细致入微的侦察,也包含了对情报的合理化分析以及透过现象看本质的洞见,体现出丰富的军事实战经验。这里引述一段:敌兵倚着兵器站立的,是饥饿的表现;供水的士兵打水先自己喝,是干渴的表现;敌人见利而不进兵争夺的,是疲劳的表现;敌人营寨上集聚鸟雀的,下面是空营;敌人夜间惊叫的,是恐慌的表现;敌营惊扰纷乱的,是敌将没有威严的表现;旗帜摇动不整齐的,是敌人队伍已经混乱;敌军军官易怒的,是全军疲倦的表现;用粮食喂马,杀牲口吃肉,丢弃吃饭喝水的器皿,不返回营舍的,是准备拼死作战的穷寇;低声下气同部下讲话的,是敌将失去了人心;不断犒赏士卒的,表明敌军陷入窘境;不断处罚部属的,表明敌军处于困境;先强暴然后又害怕部下的,是最不精明的将领;派来使者送礼言好的,是敌人想休兵息战;敌人逞怒同我对阵,但久不交锋又不撤退的,必须谨慎地观察它的企图。这些对战争中人理、物理、事理的深刻洞见,直到今天仍然不失其历史的光泽。

当时信息获取的另一种重要方式,就是"用间",孙武专著一篇《用间》来讨论这个问题。他指出,"先知者,不可取于鬼神,不可象于事,不可验于度,必取于人,知敌之情者也"。此"知敌之情者"便是间谍。孙武列举"昔殷之兴也,伊挚在夏;周之兴也,吕牙在殷",肯定了用间的重要作用。孙武的"相敌"和"用间",是冷兵器时代情报获取的主要方式,体现了朴素的唯物主义精神和实事求是的科学态度,是对信奉天命、迷信鬼神、占卜凶吉、主观臆断等错误思想的鞭笞和摒弃，是认识论基础上的科学方法论，是一笔宝贵的战争精神遗产。

当今人类战争进入信息化时代，情报获取仍然离不开这两种古老而又基本的方式，但技术更加先进、手段更加丰富、形式更加多样、时空更加无界，而且在运用过程中注重密切协作，相互印证，以提高情报工作的综合效能。下面就当代军事领域中的"相敌"即侦察工作做一叙述。"用间"思想将在第四章第一节中专门叙述。

一是"相敌"手段更多。古代的侦察手段主要是用肉眼观察，用经验判断。当今信息化条件下，运行在外空的侦察监视卫星、空气空间的侦察预警机和无人机、地面的各种侦察车辆、海上的侦察测量船、海下的无人潜航器和声呐监听系统、网络中的木马病毒和黑客程序，组成一张高中低、全纵深、全天候、全天时的"相敌"网络，这张网络不分平时战时，一刻不停地进行态势感知，通过声、光、电、数字、人力等手段源源不断地收集关注对象的各种情报，并采用自动化手段进行分析处理，力图达成战场的单方向透明，使对手无处藏身，一举一动受到严密监视。

二是侦察装备能力大大增强。以美军现有装备为例，其"锁眼"-11照相侦察卫星可进行昼夜拍摄，分辨率高达0.15米；"长曲棍球"雷达成像侦察卫星是世界上唯一的军用雷达成像卫星，成像精度达0.3米，不受各种恶劣气候影响，弥补了光学侦察卫星的不足。在空中，美军使用的E-8A监视与指挥机，其机载多功能相控阵雷达，探测范围80~250千米，监视地域超过4万平方千米，每分钟可跟踪数千个目标；RQ-4A型"全球鹰"无人机载有电子、红外照相以及合成孔径雷达等先进仪器，可在空中连续飞行40多个小时，监视范围达700千米，获得的图像可通过卫星实时传回地面接收站，供美军作战部队直接使用。这在过去是不可想象的。

三是太空侦察地位凸显。随着国家利益的不断拓展以及非传统威胁的不断上升，遂行任务的样式在增多，军事行动的范围也在不断扩大，太空侦察系统以其覆盖范围广、时效性强、无国界限制等特点，能够为包括在远周边地区和全球重要的战略关注区遂行的各种军事行动提供有力的情报支持，并成为决策、指挥各种力量执法、巡逻以及实施特种作战任务的战略依托。据统计，美军95%的侦察情报、100%的导航定位和100%的气象信息均来自空间卫星系统；俄军70%的侦察情报依赖于太空侦察卫星。因此可以说，在未来战争的体系对抗中，一旦失去了太空侦察手段，整个情报系统就会失灵，整个作战体系就会因此而陷入瘫痪。

战争从来不是蛮力的比拼，而是智慧的较量。打仗就像是最复杂的博弈，要想棋高一着，就必须用出色的情报工作来摸清对手的底牌。信息化战争更是如此，信息主导、体系作战、联合制胜，打的就是信息，拼的就是效率，谁失去了信息权，谁就丧失了主动权，在战场上就被对手牵着鼻子走，玩弄于股掌之间而毫无办法。

第二节　胜机"庙算"：多算胜，少算不胜

所谓胜机"庙算"，就是战前在庙堂上筹划作战大计，预测战争胜负结局。孙武认为，要对战争的胜负趋势做出正确的判断，并达到克敌制胜的目的，关键的条件之一，就是在战前进行全面综合的军事预测，对战争全局进行运筹谋划。

他讲:"夫未战而庙算胜者,得算多也;未战而庙算不胜者,得算少也。多算胜,少算不胜,而况于无算乎!吾以此观之,胜负见矣。"那么庙算什么呢?军事实力,这是打赢战争的物质基础。孙武在《计》篇中提到了"五事"、"七计",所谓"五事",即"道、天、地、将、法";所谓"七计",即"主孰有道?将孰有能?天地孰得?法令孰行?兵众孰强?士卒孰练?赏罚孰明?"但从十三篇综合看,其内容远比"五事"、"七计"字面上的含义丰富得多,涉及政治、经济、军事、自然、外交等领域。

政治因素,孙武称之为"道"。他说:"道者,令民与上同意也,故可与之死,可与之生,而不畏危。"就是说国君政治开明,民众拥护,上下同心同德,就能形成强大的战斗力。孙武认为这是决定战争胜负的首要因素。传说当年周文王姬昌请姜子牙出山,为了考验姜子牙的才能,就问他怎样才能得到天下,姜子牙说了这么一句话:"天下非一人之天下,乃天下之天下也。同天下之利者,则得天下,擅天下之利者,则失天下。"[①] 这天下是老百姓的,为民谋利,受到百姓爱戴,就会得到天下;与民争利,受到百姓唾弃,就会失去天下。因此,为民谋利就是王者之道。在"道"的方面我们是有发言权的,红军队伍从无到有、发展壮大就是最好的证明。1927年,毛泽东带领秋收起义的队伍上井冈山的时候,只有约1000人。井冈山上生活非常艰苦,缺吃少穿,再加上国民党的"围剿",红军处境十分艰难。但不到3年时间,到了1930年,红军发展成14个军10万人,不但没有被消灭,反而扩大了100倍!靠的是什么?就是红军得到了民

---

① 《六韬》,陈曦译注,中华书局,2016。

心。红军不是为军阀打仗，而是为自己为工农阶级为人民翻身解放打仗。红军实行民主，官长不打士兵，官兵待遇平等。从军长到伙夫一律吃5分钱的伙食，结余的伙食尾子可以自己支配。那个时候抓来的俘虏，感觉红军和白军是两个世界，所以昨天在白军打仗不勇敢，今天在红军打仗非常勇敢。习近平总书记讲过：民心是最大的政治。民心，就是孙武所说的"道"，就是决定战争胜负的首要因素。

经济因素，主要是用"财""货""费""用"等来表述的。孙武认为"兴师十万"，"日费千金"（《用间》），"军无辎重则亡，无粮食则亡，无委积则亡"（《军争》）。没有随军辎重，没有粮食，没有物资补充，军队就不能生存。孙武还特别重视经济潜力，提出"度、量、数、称、胜"的概念，"地生度，度生量，量生数，数生称，称生胜"（《形》）。这就明确指出战争是以经济实力为基础的。要发展经济，充实国家财力和物力，这样才能为战争胜利奠定良好的基础。老话讲的：兵马未动，粮草先行；大炮一响，黄金万两等，都是同样道理。自古以来打仗就要花钱、拼国力，现代战争更是这样。美军一枚战斧导弹大约花费100万美元；一艘尼米兹级核动力航母造价约为45亿美元，可服役50年，维护费用每年大概在3亿~5亿美元，50年整体维护费用约为200亿美元，这还不包括为航母配备的舰载机、航母编队中的水面舰艇及潜艇、军港建设维护等花费，简直就是烧钱机器。所以现代高技术战争没钱根本打不起。

军事要素，就是以军队为主体的武装力量。军队的战斗力主要体现在指挥艺术和实力上，在《孙子兵法》中称为"将"和"法"。指挥艺术主要决定于"将"，而实力又主要决定于"法"。将领忠心耿耿、智勇双全，手下兵强马壮、训练有素、纪律严明，这样的部队当然有战斗力。"将"的方面，孙武认为"将"是"国之辅"、"国家安危之主"、"民之司命"。指出将帅必须具有很高的素质，必须"智、信、仁、勇、严"五德俱备。"法"的方面，孙武主要指的是带兵之法，他讲："故令之以文，齐之以武，是谓必取。"就是用怀柔的手段去关心和爱护士卒，用严明的军纪来训练和管理士卒，按这种方法教养的军队就能成为必胜之军。这一点很类似于我军实行的"双长制"，军事主官和政治主官在党的领导下，分工负责，协调工作。政治主官侧重于"令之以文"，军事主官侧重于"齐之以武"，双管齐下，双剑合璧，在战争中彰显出强大的战斗力。

自然因素，就是孙武所说的天与地。任何战争都是在一定的时空范围内进行的，必然要受到自然条件的影响。天，是指"阴阳、寒暑、时制"等天候条件，昼明夜暗，夏暑冬寒，阴晴雨雪，打起仗来大不一样。在奠定三国鼎立局势的关键战役——赤壁之战中，曹操本来兵多将广、士气高炽，但决战时机选得不好，在寒冬腊月用兵，周瑜据此判断曹军战马应会缺乏饲料，曹兵果然弃马用船因而大败。东汉马援进攻五溪蛮，则因盛夏士卒多染瘟疫而失败。历史上拿破仑进攻俄国、希特勒进攻苏联，都因为战事拖到冬季而遭到失败。地者，有"高下、远近、险易、广狭、死生"之分，对作战行动有直接影响。21世纪初的阿富汗战争初期，美军因未建立围歼部署而将塔利班武装主力放虎归山，被恐怖分子抓住机会躲进深山打游击，美军对其"消而不灭"束手无策。抗美援朝战争中，如果不能很好地利用夜暗条件规避空袭、抵近对手、发动突袭，以步兵为主的志愿军运动战很不好打；如果不能很好地利用山地条件构工设障，与敌人反复争夺阵地的一幕也无法实现。这些战例充分说明天候、地形是重要的胜败之因，在特定条件下，甚至是决定胜负的关键因素。孙武认为"天"和"地"都是用兵的辅助条件，决定着战斗力的发挥。因此巧妙地利用自然环境，趋利避害，也是构成战斗力的重要方面。

外交因素，就是在诸侯林立的条件下，要用外交活动来配合军事斗争，创造一个良好的国际环境。孙武十分重视外交斗争，认为"伐交"强于"伐兵"。他主张全面分析各诸侯国的动向，分清敌友，加强诸侯联盟，尤其是对处于战略要冲——衢地（四通八达、多国交界的地方）的国家，必须尽可能地争取过来。比如三国时期的荆州就是典型的衢地。刘表之后，孙刘曹各占一部分，曹魏控制它，是巩固保卫其中原之地，并且为南下做准备；孙权想得到它，是为了巩固其东南半壁，防止敌人顺江而下；刘备想得到它，是要以它为根据地，西取巴蜀、汉中，进而实现北伐中原的战略目的。所以在三国鼎立的时候，只要荆州这个地方稍有变动，就会影响到整个战略格局。当今世界，位于地缘要冲的国家和地区比如地跨欧亚的土耳其，连接西太平洋与印度洋的新加坡，以及东欧、中东、地中海、北冰洋地区等等，往往也是国际势力博弈的焦点。

对以上所述的政治、经济、军事、自然、外交五大要素，要深入分析，权衡利弊，制定周全的对策，遇到突发情况时才不会慌乱，取胜才会有把握。孙子兵法《九变》篇指出，"智者之虑，必杂于利害。杂于利，而务可信也；杂于害，而患可解也"。意思是，聪明的将帅考虑问题，必须兼顾利害两个方面。从有利的方面考虑，就能坚定胜利的信心；从有害的方面考虑，则能消除意外的祸患。通过对这些胜机进行"庙算"分析，做到心里有数，手上有备，既要抱定必胜的信心，同时做好应对最坏情况的打算，这样才能具备获胜的基本条件。

第三节　兵以诈立：出其不意，攻其不备

《孙子兵法》中，最让人感兴趣的是它"兵不厌诈"的骗术。这是孙武大智慧的结晶。用历史的眼光看，也是孙武敢为天下先的一个创新成果。西周和春秋前中期的战争活动，受到西周礼乐文明——"军礼"的规范。这种"军礼"的基本精神，就是讲求战争活动"以仁为本"，"以礼为固"[①]。西周时期，打仗的时候有个前奏，"鸣鼓而战"，必须摆好队形才能打，这叫贵族打法。但孙武不这么看，他认为战争中可以使用诡道，在其意想不到的时机攻击其没有戒备的地方，而不要背上礼义的包袱。正如《淮南子》所说："古之伐国，不杀黄口，不获二毛。于古为义，于今为笑。古之所以为荣者，今之所以为辱也。"春秋时期宋楚之间的泓水之战中，宋襄公为等楚兵"成列而鼓"一再错失进攻良机，就是"仁义至败"的典型战例，被毛泽东评为"蠢猪式的仁义道德"。

什么是兵不厌诈呢？《九地》篇写道："故为兵之事，在于顺详敌之意，并敌一向，千里杀将，是谓巧能成事也。"意思是说，打仗的事，在于假装顺从敌人的意图，却在暗地里集中兵力，朝一个敌意想不到的方向进攻，长驱千里，杀其将领，这就是所谓巧妙成大事。这个"巧"字很有深意，在这句话中体现为"隐真示假"，即采取佯攻、牵制、伪装等手段欺骗对手，巧妙隐蔽己方的真实意图，制造假象欺骗敌人，诱使敌人产生错觉，做

---

① 《司马法》，陈曦、陈铮铮译注，中华书局，2017。

出错误的决策，走上失败的道路；我方则利用有利态势，乘隙捣虚，出奇制胜。毛泽东曾经指出，"敌人会犯错误，正如我们自己有时也弄错，有时也授敌以可乘之隙一样。而且我们可以人工地造成敌军的过失，例如孙子所谓'示形'之类"①。事实上，孙武本人在他亲自参与指挥的柏举之战中就使用过"隐真示假"，取得了辉煌的胜利。在此战的出兵阶段，孙武率吴军主力沿淮河西进，他没有按照楚军预想的那样走蜿蜒的水路，而是在抵达战略要地州来后舍弃舟船，穿越大别山的三道险关，取捷径直达楚国腹地。三万大军神兵天降般出现在汉水东岸，使楚军措手不及，仓促应战，内部陷入混乱，最终彻底失败。

孙武在《计》篇中提出了让敌人上当受骗的"诡道十二法"："兵者，诡道也。故能而示之不能，用而示之不用，近而示之远，远而示之近。利而诱之，乱而取之，实而备之，强而避之，怒而挠之，卑而骄之，佚而劳之，亲而离之。"意思是说，用兵打仗是一种诡诈的行为，因此要求做到，能打却装作不能打；要打却装作不想打；要向近处，却装作要向远处；要向远处，却装作要向近处。敌人贪利，就用小利引诱它；敌人混乱，就趁机攻取它；敌人力量充实，就注意防备它；敌人谦卑谨慎，就设法使它骄傲；敌人休整良好，就设法使它疲劳；敌人内部和睦，就设法离间分化它。并将这些方法推崇为"兵家之胜"，即克敌制胜的法宝。

关于"诡道十二法"有一个非常典型的战例：马陵之战。公元前341年，魏国发兵讨伐齐国，集中全国精锐力量，命庞涓为将，太子申为上将军，大军浩浩荡荡开赴齐营，打算与齐决一死

---

① 《毛泽东选集》第1卷，人民出版社，1991，第209页。

战。齐军听说魏军大兵压境，马上分析了当时的形势，认为魏军来势凶猛，不宜和魏军决战（强而避之）。军师孙膑就向将军田忌建议，说：“魏国的士兵勇猛善战，向来蔑视齐军，我们就主动示弱，因势利导，引诱它轻敌冒进，来个设伏围歼。”战争开始后，齐军与魏军刚一接触，就立即佯败后撤（用而示之不用）。为了诱使魏军追击，齐军一是以退军方向诱敌，向齐军防守薄弱的齐国南部一线撤退，使魏军感到有机可乘有利可图（利而诱之）；再是按照孙膑预先部署，施展著名的“减灶诱敌”的高招，第一天挖了十万人煮饭用的灶，第二天减少为五万灶，第三天减少为三万灶，造成在魏军追击下，齐军大批逃亡的假象（能而示之不能）。庞涓看见齐军退却避战又天天减灶，于是得意忘形，认定齐军斗志涣散，士卒逃亡过半，不堪一击。于是亲自率精锐数千人，日夜兼程追赶齐军（佚而劳之），追到马陵这个地方中了齐军的埋伏，庞涓被俘，所带兵马全军覆灭。魏军阵脚大乱，齐军乘胜追击，势如破竹，又连续打败魏军，前后歼敌十万人（乱而取之）。马陵之战齐军以劣势开场，通过连环用计、巧妙欺骗，最终逆转危局、取得大胜，这真是“诡道十二法”的生动教材！

不管是“巧能成事”还是“诡道十二法”，其基本思想都可以归纳为“攻其不备，出其不意”。抓住对手不注意的时机，攻击其没有防备的地方。为了赢得胜利就要想尽办法，八仙过海，各显神通。

时代在发展，文明在进步，如今各国之间联系日益紧密，人类向命运共同体迈进，在战争问题上难道真的不要讲“礼义”吗？技术在变革，装备在更新，现代战争破坏力巨大，用兵施策有没有一定限度呢？是不是可以无所不用其极呢？哪些手段不能采用呢？这就要从战争法有关的法规条约中寻找答案了。

第一，在现代国际关系中使用武力是受到严格限制的。《联合国宪章》（以下简称《宪章》）废弃了国家的战争权，禁止国家在国际关系上使用武力。《宪章》规定：各会员国应以和平方法解决其国际争端，避免危及国际和平、安全及正义；各会员国在其国际关系上不得使用威胁或武力，或以与联合国宗旨不符之任何其他方法，侵害任何会员国或国家之领土完整或政治独立。但自卫作战、民族独立或民族解放战争（即民族自决原则，仅适用于殖民地和非自治领土，非独立国家内部少数民族），以及联合国安理会授权或采取的军事行动除外。为了确认非法使用武力，联合国大会依据《宪章》的精神通过的《关于侵略定义的决议》对侵略做出定义："侵略是指一个国家使用武力侵犯另一个国家的主权、领土完整或政治独立，或以本定义所宣示的与《联合国宪章》不符的任何其他方式使用武力。"武装干涉是一国以武装力量对另一国进行干涉，属于侵略行为。认定侵略是严重的国际罪行，要承担国际责任，判定是否已经发生了侵略行为的权力，属于安理会。这也就是为什么2018年4月美军打击叙利亚后，在联合国安理会上，俄叙常驻联合国代表称美国的军事行为是侵略。但讽刺的是，美国作为联合国安理会常任理事国，对安理会决议具有一票否决权。那么美国是如何对其侵略行为做辩解的呢？其理由是巴沙尔阿萨德政权在内战中使用了化学武器，而此次动武是对叙军使用化学武器的惩罚。这就涉及作战法规约束的第二个方面——作战方法和手段。

第二，一些作战方法和手段是禁止或受限的。概括起来主要有六个方面：一是禁止或限制使用特定常规武器。这主要是指一些具有过分伤害力和滥杀滥伤作用的常规武器，如地雷、水雷、燃烧武器等。二是禁止使用有毒、化学和生物武器。禁止在任何情况下发展、生产、贮存、取得和保留这类武器，彻底排除使用细菌（生物）和毒素作为武器的可能性。三是禁止不分皂白地攻击。所谓不分皂白地攻击，就是无区别地打击战斗员与平民、军用目标与民用目标。如 1907 年海牙第四公约附件第二十五条规定："禁止以任何手段攻击或轰击不设防的城镇、村庄、住所和建筑物。"四是禁止诉诸背信弃义的行为。所谓背信弃义的行为，是指诱取敌人基于武装冲突法规定而产生的信任。比如，假装有在休战旗下谈判或投降的意图；假装因伤因病而失去战斗力；假装具有平民、非战斗员的身份；使用联合国或中立国或其他非冲突各方的国家的记号、标志或制服而假装享有被保护的地位以及诸如此类的行为，都是背信弃义的行为，都在禁止之列。需要指出的是，武装冲突法虽然禁止背信弃义的行为，但并不禁止使用战争诈术。战争诈术和背信弃义行为都对敌实施欺骗，但战争诈术只是迷惑敌人或诱使敌人做出轻率行为，并不诱取敌人基于武装冲突法规定而产生的信任，不违反任何适用于武装冲突的国际法规则。五是禁止改变环境的作战方法。主要指通过蓄意操纵自然过程改变地球（包括其生物群、岩石圈、地水层和大气层）或外层空间的动态、组成或结构。六是使用核武器是否合法的问题。核武器是否合法，存在着两种截然相反的观点。但从实体法上看，目前只有禁止在一定空间进行核试验的条约、禁止扩散核武器条约、限制核武器设置空间条约、无核区条约，还没有一项明确禁止使用核武器的条约。仍以美军打击叙利亚为例，美国的借口之立足点，即在于声称巴沙尔政权在作战方法上使用了被禁止的化学武器，在作战手段上不分皂白地杀伤了平民。

第三，陆、海、空战要分别遵守相关的特殊规定。陆战方面，主要对入侵和占领行为进行界定和规范。根据国际法原则，入侵和占领构成侵略，侵略是破坏国际和平的罪行，因侵略行为而取得的任何领土和特殊利益，均不得也不应承认为合法。占领者只有对被占领土及其居民的暂时管理权。占领者无权改变该地的法律和行政，不得强迫居民向占领者宣誓效忠，或参加反对其本国的军事行动；不得因居民个人甚或没有查明的人做了违反占领者命令的事而对全体居民实施惩罚；不得强行把该地居民运往占领国，也不得把占领国的人民迁移进该领土。占领者有义务对被占领土居民实施保护。海战方面，交战国的领水、专属经济区和大陆架、群岛水域和陆地领土，公海，中立国的专属经济区和大陆架，都属于海战区域的范围。在海战中，军舰是合法的交战者。商船可以改装为军舰，但要遵守一定的法律规定。海上封锁必须满足战争状态、实效性和通知三个条件。对于破坏封锁的船舶，可以将其拿捕，拿捕敌国的公有船舶即可予以没收；拿捕敌国的私有船舶及中立国的船舶，则需要经过捕获法院的审判。空战方面，并无专约，但根据有关的国际公约和惯例，陆战和海战的一般原则如保护中立目标、保护平民目标、保护救援目标等，同样适用于空战。另外还有一些约定俗成的特殊规定，如禁止从空中轰炸和攻击水坝、核电站等含有危险力量的工程和装置；禁止对因航空器丧失战斗力而在跳伞逃生过程中的飞机上人员加以攻击；禁止攻击未用于军事目的的宗教场所、艺术馆、图书馆、文化遗址和历史纪念物等。

第四，和平时期需进行军备控制。军备控制的实质，是潜在的敌手之间为减少爆发战争的可能性、限制可能爆发的战争的规模和危害，彼此合作采取废除和削减某类武器系统，控制其部署行动。包括两个方面，一方面，控制武器装备的研制和发展。比如美苏 1972 年签订的《限制反弹道导弹条约》（美国已于 2001年退出该条约），禁止双方发展全国性的反导系统，来确保对对方的核威慑，用所谓的"核恐怖平衡"来避免核战争，这是禁止性规定。还有冻结性规定，比如世界大多数国家缔结加入的《不扩散核武器条约》，规定 1967 年 1 月 1 日前制造并爆炸核武器或其他核爆炸装置的国家，即美、苏、英、法、中，为核武器国家，无核武器缔约国不得从任何让与国接受核武器或其他核爆炸装置及此种武器或装置的控制权，不制造也不要求任何人提供这方面的帮助，其基本含义是冻结核武器的发展。另一方面，控制特定区域使其非军事化。禁止把某些特定地理区域用于军事目的。《南极条约》《海床条约》《外空条约》《月球条约》基本上禁止在这些区域修建军事设施、安置与试验核武器或其他大规模毁灭性武器。无核区条约则禁止该地区研制核武器和对该地区使用核武器。目前已建立的无核区有拉美、南太、东盟、非洲等地区，另外南亚、中东、中欧、北欧、朝鲜半岛等都提出了无核区的主张。

人类文明的进步要求必须对军事力量运用进行一定限制，这些限制从本质上讲，是为了协调和平衡作战的"军事需要"和"避免不必要的痛苦"这对矛盾，在"军事需要"许可的范围内，尽量减轻战争祸患，满足人道要求。克劳塞维茨说，战争有自己的语法，却没有自己的逻辑，它受到政治支配，是特殊条件下流血的政治，它应该也必须受到政治的驾驭，而不应成为失控的野兽祸害人类。从这个意义上讲，我们应该遵行这些法律规定。但归根结底，政治是维护统治的行为，而世界政治在本质上是无政府、无权威的。有的真遵守，有的假遵守，还有的不遵守，谁来评理？这就需要客观看待战争法。战争法本身就是国际政治激烈斗争的产物，是各国平衡自身利益和国际义务而互相妥协的结果。现代国际关系的最高准则是国家利益至上，而非国际法律至上。一旦战争打响，各国一定会以自身政治利益和军事胜利为原则采取行动。一些违反战争法的行为难以认定，"公说公有理、婆说婆有理"，在这种情况下战争法仅仅成为争执工具，却不能公平公正解决问题。因此我们在履行战争法的前提下，也要以我为主，以维护国家的根本政治利益为目的，以战争法为手段，主动运用战争法作斗争，配合军事行动达成政治目的。要反对僵化地执行战争法，画地为牢，也要防止无知地破坏战争法，授人以柄，其结果都会损害军事利益乃至国家的根本政治利益。

通过以上分析我们知道，随着时代的变迁和人类的进步，战争越来越受政治因素支配和人道伦理约束，一些极端的作战方法和手段受到国际法限制。但国际社会本质上是混乱和无政府主义的，战争法律对战争行为的约束仅是局部的、有限度的，法外空白广泛存在，而且在审理和执行中存在较大辩诉空间。所以对于现代战争指导者来说，"兵以诈立"的原则仍然适用。在不违反战争法律的前提下，通过"出其不意、攻其不备"塑造有利态势，仍然是重要的制胜法则。

第四节　全胜为上：不战而屈人之兵，善之善者也

海湾战争以后，美军不断探讨面向 21 世纪的新的作战方法，新的作战理论不断问世，其中包括哈伦·厄尔曼等提出来的"震慑"理论。这一理论因第二次海湾战争（即伊拉克战争）而声名大噪。然而很多人却不知道，"震慑"理论源于《孙子兵法》。厄尔曼曾经讲过："我一直在思考孙武所说的不战而屈人之兵的

战略。""震慑就是让对方明白自己除了放弃抵抗已经没有什么别的选择了。"很显然，这是孙子兵法"不战而屈人之兵"思想的新运用。

《谋攻》篇指出："凡用兵之法，全国为上，破国次之；全军为上，破军次之；全旅为上，破旅次之；全卒为上，破卒次之；全伍为上，破伍次之。是故百战百胜，非善之善者也；不战而屈人之兵，善之善者也。"意思是，大凡作战的原则，使整个敌国屈服是上策，而用武力攻破敌国就差一些；使敌人全军降服是上策，而击破敌军就差一些；使敌人全旅降服是上策，而击破敌旅就差一些；使敌人全卒降服是上策，而击破敌卒就差一些；使敌人全伍降服是上策，而击破敌伍就差一些了（国、军、旅、卒、伍是古代的特定国家行政或军队的组织单位）。因此百战百胜，还不是最高明的，不战而使敌人屈服，才是高明中的高明啊！如果说儒家核心价值观可以用一个字来概括，那就是"仁"；道家的核心价值观也可以用一个字来概括，那就是"道"。而研究中国兵学的人认为，《孙子兵法》的核心价值观也可以概括为一个字，那就是"全"。全，是保全的意思，即保全国家，保全军队，保全人民。因此《孙子兵法》13 篇，其核心价值观就是一句话："用最小的消耗，换取最大的胜利。"这就是"全胜"目标。

为了实现"全胜"目标，孙武进一步阐明应采取的策略："上兵伐谋，其次伐交，其次伐兵，其下攻城。"也就是说，上上策是通过谋略战胜敌人；上中策是通过外交手段取得胜利；中策是通过野战战胜敌人；下策是攻取敌人的城池。伐谋是上上策，就是可以用最小的代价换取最大的胜利。

那么，为什么"攻城"是下策？在孙武看来，就是因为这种手段会付出巨大的作战成本。即使在付出很大的伤亡后打进了城，即便是报复了攻城时遇到的抵抗，胜利者也要收拾残局。所以，孙武主张，不到最后没有办法的时候，不要采取攻城的办法。而是先通过实力威慑、谈判等手段，清楚地向对方表明自己的意图，让对方认识到，只有放弃抵抗，才能最大限度地保护自己的利益，如果负隅顽抗，将会带来严重的后果，进而屈服对方的意志，使其开城投降。而我方则在损失极小的前提下，完整地得到作战的胜利，即"全国为上"。当然，这"全国为上"，是通过"上兵伐谋、其次伐交"手段实现的，必要时，也要用"伐兵"的手段促成"全国为上"。

"不战而屈人之兵"的典型例子是解放战争三大战役之一——平津战役。北京当时叫北平，是辽、金、元、明、清五朝帝都，人口众多，名胜古迹遍布，如何既消灭盘踞此地的傅作义集团，又保护北平城不被战火破坏呢？毛泽东采取了"割而不围、围而不打"的全胜战略。割而不围，就是先攻取张家口，然后拿下天津，切断傅作义各部的联系；围而不打，就是对北平围而不打。这个战略实施以后，驻守北平的傅作义陷入困境。在巨大的军事压力下，经过三次谈判，通过各种渠道对傅作义做工作，包括他的女儿傅冬菊，也加入了共产党。傅作义在内外夹击下，终于深明大义，接受和平改编，北平和平解放。新中国才有了个完整的首都。人们都对孙武的谋略意识感兴趣，其实在孙武看来，谋略的最高法则是什么？他的兵法中一句话说得很透彻："必以全争于天下，故兵不顿而利可全，此谋攻之法也。"（《谋攻》）就是务必用"全胜"的策略争天下，这样既不使兵力疲惫，又获得了全面胜利的利益。

实现"不战而屈人之兵"需要强大的武力做后盾。就像把刀架在对手脖子上，迫其就范。如果没有这把架在脖子上的"刀"，是不容易使人屈服的。现代军事威慑理论认为：有效的威慑必须具备实力、决心和信息传递三个基本要素。实力是威慑的基础，没有实力的威慑只能是虚张声势。决心对于威慑成功具有重要作用，缺乏决心会让对手怀疑威慑力量的真实性。有效的信息传递是将实力和使用实力的决心传递给对方，当对方接收到威慑信息并产生心理恐惧、认知混乱时，威慑就有了效果。事实上，威慑能否有效发挥作用还需要具备一个重要条件，就是威慑者与被威慑者是否具有相同或相近的认知逻辑，比如双方都希望避免战争、减少损失、维护稳定等。如果被威慑的一方不计代价、铤而走险、拼死一搏，威慑同样难以奏效。因此必须认真研究对方决策者的心理特征和行为方式，灵活运用威慑手段，有针对性地综合施压，增强军事斗争效果。

随着高新技术在军事领域的广泛运用和国际战略形势的发展变化，威慑的地位日益突出。通过威慑营造有利的国际战略环境，遏制武装冲突与战争，延缓战争爆发，制止战争升级扩大，避免或减少战争破坏，越来越受到国际社会的高度重视。当代军事威慑的作用主要体现在三个方面。

第一，在一般情况下，保持适度战略威慑有助于防止局势恶化。例如冷战时期美、苏两个核大国在确保互相摧毁的威慑下，签署了一系列条约防止核军备竞赛不断升级，建立起"恐怖的平衡"，笼罩在人类上空的核大战乌云开始消散。

第二，当战略形势严峻、存在爆发战争的危险时，运用战略威慑有可能推迟战争的爆发，为国家做出其他政治选择和做好战争准备创造条件，如2015年"南海仲裁案"期间我军在相关海域进行的实兵实弹演练活动，为维护南海局势稳定发挥了重要作用。

第三，当战争爆发迫在眉睫时，实施战略威慑，或者可以把握住避免战争的最后一次机会，如1962年古巴导弹危机的化解。或者可以争取到战争特别是首战的主动权，为进入战争状态创造有利的军事态势，如美军在伊拉克战争前的大规模兵力调动。

威慑的方式也非常灵活，除了核威慑这张"王炸"，还可以打出很多牌，比如营造战争气氛、展示先进武器、举行军事演习、调整军事部署、提升战备等级、实施信息攻击、采取限制性军事行动和警示性军事打击等等。不同的威慑方式是相互联系、相互作用的，既可单独使用，也可组合使用，从而形成不同层次和强度的威慑，以实现最佳威慑效果。

兵法点评

本章介绍了《孙子兵法》的战略运筹概则，将其归纳为知、算、诈、全。这其中既有光明正大的阳谋，也有狡猾诡诈的阴谋，归根到底是一种脚踏实地的"实谋"。孙武的先知后动思想，就是要真实掌握各方面情况，及时正确决策；他的庙堂预测思想，就是客观分析打仗的利弊条件，做好两手准备；他的兵者诡道思想，就是手段为目标服务，打起仗来就不要讲求蠢猪式的"仁义"，打赢才是第一位的；他的全胜目标思想，就是打仗不光要能取胜，还要尽可能地保存实力，减少损失。

辅佐齐桓公成为春秋第一位霸主的管仲说过这样一句话："谋于实，故能权与立，不可敌也。"就是从实际出发，实事求是地进行谋划，制定谋略，就能立于不败之地。晚清军事家胡林翼所说的,军旅之事,能脚踏实地,就是奇谋。[①] 孙武正是这样的实谋派,他的战略运筹概则的精髓,就是用客观唯物的思想来谋划战争,掌握战争客观环境的动态变化,在此基础上科学计算,精心施策,追求全胜。如果战争指导者能做到这些,那么在战略运筹方面就达到了较高的境界。

---

① 蔡锷辑录《曾胡治兵语录》,广西师范大学出版社,2007。

第三章

致人而不致于人的用兵之法

《孙子兵法》不仅谈了战争观、战略运筹方面的问题，在战役战术层面的作战指挥和用兵原则问题上，也有一系列精辟的论述，如以快制慢、聚众击寡、先机制敌、避实击虚、奇正结合、密切协同、攻心为上等。这些作战指导原则归结为一句话，就是致人而不致于人。牵制敌人而不被敌人牵制，把战争主动权牢牢掌握在自己手中。《孙子兵法》的作战指导原则，对当代军事实践活动仍然具有重要的指导意义。

第一节　以快制慢：兵贵胜，不贵久

孙武是提倡速战速决的。他讲："兵贵胜，不贵久。"（《作战》）作战最贵速胜，不宜久拖。为什么？孙武给出了两条理由。

第一条理由，从战争消耗的角度讲，行军作战会耗费巨大人力物力和财力，"久则钝兵挫锐，攻城则力屈，久暴师则国用不足"（《作战》），旷日持久的作战会使军队疲惫，锐气挫伤；攻城会使兵力消耗，让军队长久暴露在国外，就会使国家的财政发生困难。接下来，"诸侯乘其弊而起，虽有智者，不能善其后

矣"。列国诸侯就会乘着你的危机而起兵攻击，就算再有智谋的人也无法挽回败局了。所谓螳螂捕蝉，黄雀在后。有效应对连锁反应，最好的办法不是处处设防，打消耗战，而是要尽快在主要方向上取得决定性的胜利。因此作战要速战速决，不宜久拖。

第二条理由，就是从克敌制敌的角度考虑，要快速部署、快速展开、快速行动，以求先机制敌，达成作战行动的突然性。他讲："兵之情主速，乘人之不及，由不虞之道，攻其所不戒也。"（《九地》）用兵的意旨就是要迅速，乘敌人措手不及的时机，走敌人意想不到的道路，攻击敌人没有戒备的地方。又讲："激水之疾，至于漂石者，势也；鸷鸟之疾，至于毁折者，节也。是故善战者，其势险，其节短。势如矿弩，节如发机。"（《势》）意思是湍急的水，飞快地奔流，以至能冲走石头，这就叫做"势"，鸷鸟（凶猛的鸟，鹰、雕、枭等）迅飞猛击，以至能捕杀小鸟小兽，这就叫做"节"。所以善于指挥作战的人，他所造成的势是惊险的，所发出的节奏是短促的。惊险的势就像张满的弓弩，短促的节奏就像箭突然射出一般。因此兵贵神速，才能出其不意，攻其不备，才能隐蔽地接近敌人到最近距离，突然猛烈地攻击敌人。

以快制慢的战术原则，至今仍在运用。比较著名的是第二次世界大战中德军的闪击战。1939年9月1日凌晨德国闪击波兰，德军是这样实施的：一是预先展开。南北两个作战集群，5个集团军44个师，战前全部隐蔽部署到位、蓄势待发。二是不宣而战。8月30日波兰还派大使与德国谈判，仅仅1天之后，也就是9月1日凌晨4点，德国突然开战，对波兰的军事目标狂轰滥炸。三是空地协同。德军首次使用了快速重兵集团——坦克军、坦克师和摩托化师，与航空兵密切协同作战，快速突击，推进速度达到每天 50～60 公里。四是分割围歼。装甲机械化部队迅速插入防御纵深，将数量庞大的波军迅速撕裂、合围。战争的结果没有任何悬念，1 个月后波兰投降。接着，德军又使用同样的战法，1 个小时拿下丹麦，23 天征服挪威，5 天征服荷兰，18 天攻克比利时，39 天征服号称"欧洲最强陆军"的法国。二战初期德军的战略进攻取得了空前胜利，为后世创造了闪击战的经典范例，对现代作战理论发展产生了巨大影响。如果给机械化战争贴上体现军事思想特征的标签，那么最显眼位置上应该是闪击战。

"闪击战"最早由德国军界提出，曾任德军总参谋长施利芬是创始人之一，他在 1905 年的"施利芬计划"中第一次提出了闪击战思想。施利芬认为现代战争应该是闪击的、短期的，战争以春天开始，不迟于秋日落叶时就该结束。这是因为，从经济上看，在现代战争中进行消耗战略是不可思议的。从政治上看，如果战争延续时间长，使军队士气低落，危及政治统治。从外交上看，战争拖长，会使敌国形成联盟。从军事上看，战争时间拖长，战争就会成为长期消耗的阵地战，难以达到战争之目的。因此，现代战争应该进行闪击战。这些思想与孙武提出的"久暴师则国用不足""诸侯乘其弊而起"何其相似。在施利芬闪击战思想的原有基础上，希特勒、古德里安等人进一步吸收了当时出现的一些新思想，如杜黑的制空权论和富勒的机械化战争理论，形成了新的闪击战思想，强调快速、出奇、集中，这又与孙武提出的"乘人之不及，由不虞之道，攻其所不戒""势如彍弩，节如发机"何其相似。特别是德国闪击法国取道阿登高地，与吴国攻楚取道大别三关如出一辙，连进攻方向都惊人的一致。令人不禁感叹孙武军事思想历经千年仍然熠熠生辉。

二战结束后，闪击战被世界各国奉为圭臬。随之的 160 余场局部战争、武装冲突、突发事件，无不体现着闪击战理论的经久不衰。特别是在海湾战争中，美军把闪击战思想发挥得淋漓尽致，打得干净利索。战争共历经 42 天，其中沙漠风暴行动即空袭 38 天，沙漠军刀行动即地面作战只用了 100 小时。让指挥官施瓦茨科普夫一战成名的"左勾拳"行动，本质上是一次空地一体的大范围迂回进攻，让人想起当年德国的闪击战及其席卷法兰西的"挥镰行动"，而施瓦茨科普夫本人就是德国人后裔。海湾战争结束后，信息化战争兴起。在科索沃和阿富汗，面对不是一个重量级的对手，美国人凭借一骑绝尘的技术优势任性地玩起了战争实验，进行了信息化作战模式创新，比如科索沃战争使空袭成为完全独立的战争模式，阿富汗战争创造了"特种作战＋精确打击"的作战新模式，向全世界展示了美军的强大实力。然而，这些令人眼花缭乱的作战模式似乎偏离了闪击战思想速胜的本旨，并未追求快速取得决定性胜利。其结果，或如科索沃战争，给美国带来巨大经济消耗和人道主义压力，结局是和而不平；或如阿富汗战争由于放虎归山美军陷入长期作战的泥潭，最终是消而不灭。孙子兵法《作战》篇有一句话可传神地描绘出美军的尴尬："故兵闻拙速，未睹巧之久也。"意即打仗只听说老老实实地求得速胜，没有见过弄巧立异陷于持久而有好处的。此后，美军对这两场局部战争进行了反思，于 2001 年提出快速决定性作战理论，并在伊拉克战争中得到检验，不到 1 个月即结束了伊拉克战争，可以看作对传统闪击战理论的回归。

所谓"快速决定性作战"指的是根据"知彼知己""指挥与控制""基于效果作战"的原则，协调使用军事手段和其他国家战略力量，通过一系列快速、猛烈、多维、分布式的动作袭击和打击，削弱敌人的关键能力和凝聚力，以达成预期军事目的的联合作战。"快速"指的是在绝对和相对速度上都要快于敌人，尽快达成作战目的。为此，作战部队必须详细了解敌我情况，尽早制订计划，及时做出决策，快速反应和机动作战。"决定性"则是指通过打击敌人的凝聚力，摧毁其抵抗意志和能力，把自己的意志强加于敌人。这就要求作战部队准确判断敌方的重心、薄弱环节和关键节点，综合运用国家的各种能力，实施基于效果的作战，发挥自身的信息优势，实施快速机动、高强度突击和不对称攻击等联合行动，剥夺敌方的关键能力和凝聚力，摧毁敌方领导层的抵抗意志，迫其屈服，从而快速达成预期的政治和军事目的。作为一种全新的作战概念，美军的"快速决定性作战"理论仍在不断试验和发展之中。虽然在伊拉克战争中该理论得到了部分检验，但美国军界、学界对其褒贬不一，其作用与效果仍处在争论之中。但不可否认的是，这一理论正在并将长期影响美军的部队建设和作战理论，对美军未来的作战样式和战法产生重大影响。

孙子兵法提出的"兵贵胜，不贵久"是作战的基本法则，只要具备获胜的条件，就应该坚定意志，快速行动，突然猛烈，速战速决，在"快"中博得优势，并第一时间把优势转化为胜势。这里加上具备获胜条件的限制，是因为以快制慢的法则在战役战术层面无疑是正确的，但在战略层面，则需要根据敌我双方实力客观辩证地看待"快"与"慢"。如果己方的军事实力与对手有较大差距，那么在短时间内追求全局上的胜利则是不现实的，那将是十分危险的。如抗日战争中我军采取的持久战战略，就是在实力上弱于对手的时候，要保持战略耐心，逐渐发展自己、削弱敌人，不能急于取胜、盲动冒进，要坚持战略上的防御与战役战术上的进攻，内线的持久与外线的速决紧密结合，等到队伍壮大了、装备改善了、敌我优劣态势发生根本性转变的时候，再举行战略反攻，此时便应如风卷残云、摧枯拉朽，一战定乾坤。

第二节　集中兵力：胜兵若以镒称铢，
败兵若以铢称镒

在兵力运用上，除了以快制慢，孙武还强调集中用兵。他主张"我专而敌分，我专为一，敌分为十，是以十攻其一也"（《虚实》），就是说，把己方的兵力集中于一处，把敌方的兵力分散多处，强调"以镒称铢"（《形》）、"以众击寡"，反对"以铢称镒"、以少击众。镒和铢是古代的计量单位，1镒等于576铢。这里形容敌对双方力量悬殊，一方比另一方重五百七十五倍，用这样绝对优势的力量去进攻敌人，就像用"镒"称"铢"那样轻而易举。反之，另一方力量只有对方的五百七十六分之一，用这样绝对劣势的力量去同敌人作战，就像用"铢"称"镒"那样无能为力。《删定武库益智录》也指出："兵散则势弱，聚则势强，兵家之常情也。"

在作战中要选择一个主要方向，集中使用兵力，避免四面出击，多向应敌，这是兵之常情，古今中外军事家都曾述及。问题是，敌人也不是傻瓜，同样的道理敌人也知道，他也会极力避免以寡击众，不会拿鸡蛋碰石头。在这种情况下，集中兵力的原则如何在实战中运用呢？孙武也给出了他的答案，就是"形人而我无形，则我专而敌分"（《虚实》），用现在的话说，就是用各种侦察手段察明敌情，使敌人暴露企图或行踪；同时隐蔽自己的行动和意图，不让敌人察明我军情况。孙武在这里强调的"敌分"，就是要分散敌人的兵力，怎么分散？这个就难了。孙武的办法就

是使敌备我。他继续讲道："吾所与战之地不可知，不可知，则敌所备者多，敌所备者多，则吾所与战者，寡矣。故备前则后寡，备后则前寡，备左则右寡，备右则左寡，无所不备，则无所不寡。"（《虚实》）这个作战思想非常深刻，也非常巧妙，不通过增加兵力，而只是通过隐蔽己方的作战企图，利用佯攻、牵制等手段，就能使敌军处处防备于我，处处分散兵力，这样就能转化双方的众寡态势，达到我众敌寡的目的。

北宋灭南汉之战中，宋军首先以长驱直入之势攻占贺州，给南汉以自西向东顺流直取兴王府的假象，将军潘美亲自督领战舰，扬言要沿贺江顺流东下，直取兴王府，使南汉对这一企图深信不疑。结果南汉将精锐潘崇彻部调屯贺江口进行防堵，不仅未在西侧诸州进行作战准备，反而将精锐之师调离都城，使得精锐之军潘崇彻部无用武之地，更使得都城兵力空虚。然后宋军出其不意，迅速向西攻占昭、桂、富、连诸州，既巩固了自己侧翼，又使对方摸不清自己的意图，以为宋军只是想收回先前被占的湖南十四州部分地盘，不再南进。接着，宋军乘虚直逼韶州，形成三面包围的态势，这时候南汉坐不住了，仓促派主力北上，被宋军一举歼灭。远在贺江口的潘崇彻精锐，见大势已去，不战而降。这一战北宋军采取了什么策略？就是声东击西。通过声东击西，制造假象，弄得汉军晕头转向根本不知道要守哪里，只能分兵把守，最后一步步被吃掉。这就是孙武说的："敌虽众，可使无斗。"（《虚实》）敌人虽多，可以使它无法战斗。

孙武提出的"我专而敌分"的思想，在当代军事领域仍具指导价值，但其内涵意义发生了变化，主要体现在两个方面。

第一，信息化战场上要想消灭敌方目标，实现预期作战目的，作战力量的"我专"是前提。只有"我专"才能聚优克劣、以强击弱。然而，信息化战场上"我专"的内容、标准、方式、关键都发生了相应的变化。"我专"的内容将由有形的兵力兵器集中转变为无形的战斗效能聚集；"我专"的标准将由强调数量多少转变为重视质量好坏；"我专"的方式将由原来的预先集中为主变为临机聚合；"我专"的关键将由空间转变为时间。

第二，实行"敌分"谋略时，不再完全是通过在广阔的空间内大踏步前进或大踏步后退，调动和分散敌人，更多的将是通过广泛运用高技术兵器的欺骗性和打击威力，在相应的时间和空间内抓住相对有利的时机，引动敌一部，牵动其另一部，使敌逐渐成"分"势，而后迅速集中兵力，快打快歼快撤，再及其余，进而以局部我"专"对敌"分"的"零打碎敌"，达成整体上摧垮敌战斗力的目的。这种动敌之法，在现代战争中体现明显的是英阿马岛之战，英军采取多种手段，迷惑和牵制阿军，使之判断失误，将主要兵力集中在阿根廷港附近，英军则迅速在圣卡洛斯港登陆成功。

在集中兵力的基础上，孙子兵法还对根据敌我兵力多寡灵活用兵的原则有精妙的阐述，总的原则仍然是争取全胜的思想，以小的付出获取大的收益，提高战争的效费比。《谋攻》中指出："故用兵之法，十则围之，五则攻之，倍则分之，敌则能战之，少则能逃之，不若则能避之。故小敌之坚，大敌之擒也。"十则围之，意即我拥有数量上绝对优势的兵力，就可以包围敌人，断绝它的供应。十是言其多，并非具体的规定，包围有一个前提，即兵够多，围得住，四面八方团团围住，不能有缺漏。五则攻之，是说数量上有五倍于敌的兵力，就可以进攻。克劳塞维茨认为，防御是一种比较强的战斗形式。《尉缭子》中也有"守法，一而当十，十而当百，百而当千，千而当万"的说法，因此要求进攻一方有优势兵力。我军的战斗条令规定进攻战斗兵力兵器要三倍于敌。对比较强的敌人，要求四到五倍于敌。比较弱的敌人，可以二倍于敌，一倍于敌，甚至以少搏众，根据敌人情况来定。倍则分之，即敌一我二，有优势，但优势不大。要设法让敌人再分散些，这样我们的优势就更大些。敌则能战之，是说如果敌我势均力敌，又不期而遇，就要果断开战，向其弱处进攻，大胆地去战胜它。我军战斗条令对遭遇战斗的基本要求即是先敌发现、先敌抢占有利地形、先敌开火，这个时候不能有丝毫迟疑。少则能逃之，不若则能避之，是一个意思，是说敌强我弱的时候，要避免决战。能打就打，不能打就走。留得青山在，不愁没柴烧。小敌之坚，大敌之擒，意思是弱小的军队，如果固执坚守，螳臂当车，就会被强大军队所俘虏。

孙武的这些根据敌我兵力情况灵活用兵的思想，在当代军事对抗活动中仍然适用，只是判别优劣的标准从单纯看重兵力兵器数量，转变为更看重质量。信息化战争的形态，将是以空中打击、远程精确打击、系统打击为主，进行结构破坏、功能摧毁，使其整体瘫痪，以达到降低对手的作战能力，保持或扩大不对称的态势，控制力量对比转化，从而夺取和保持战略主动权。现代战争的兵力优势不仅是指兵器、兵力数量的优势，而且更强调的是质量的优势、打击威力以及作战效能的优势。即集中技术含量高、命中概率大的精确制导武器和装备高技术武器的部队，对敌对方的战略战役体系的要害目标实施突然、准确、猛烈的打击，力争在最短的时间内给予对手以最大的破坏和精神上的震撼。从近期爆发的几场高技术局部战争中，可以清楚地看到：在一定条件下，高技术武器装备的先进性越高，造成的不对称态势越大，则赢得战争的可能性就越大，作战的规模和时间就越能得到有效的控制，损失和伤亡就越小。这种情况下，我们要继承《孙子兵法》的思想传统，深入研究现代战争制胜机理，探索集中高技术兵力兵器有效制敌的用兵原则和作战方法。

第三节　力争主动：先处战地待敌者佚，后处战地趋战者劳

孙武用兵，对先机之利，即掌握作战的主动权是非常重视的。"凡用兵之法，将受命于君，合军聚众，交和而舍，莫难于军争。"（《军争》）大凡用兵的法则，将帅接受国君的命令，从征集民众、组织军队到同敌人对阵，在这一过程中没有比争取先机之利更困难的。所以争取主动权对于作战来说非常重要。他提出的先发制人、速战速决的思想，致人而不致于人的思想等，都是为了确保主动权掌握在自己手中。关于掌握战争主动权，在《孙子兵法》中有许多宝贵的篇章。

例如，"凡先处战地而待敌者佚，后处战地而趋战者劳"（《虚实》）。两军相争，谁先到达战场，预有充分准备，谁就会处于实而有利的主动地位；反之，后到达战场的一方，被迫仓促应战，谁就会处于虚而不利的被动地位。因此善战者应能调动敌人而不被敌人所调动。

再如，"能使敌人自至者，利之也；能使敌人不得至者，害之也。故敌佚能劳之，饱能饥之，安能动之"（《虚实》）。意思就是说，能够让敌人自己行进到我预定的作战地域的，是用利引诱它；能够让敌人不能到达我预定地域的，是制造困难阻止它。敌人休息得好，就要使它疲劳，敌人粮食充足，就要使它饥饿。敌人驻扎安稳，就要使它移动，让敌人听从我的指挥与调遣，就

可以把敌调动到有利于我而不利于敌的地位。

又如，"善动敌者，形之，敌必从之；予之，敌必取之"（《势》）。善于调动敌人的将帅，做出假象欺骗敌人，敌人必为其所骗；以小利去引诱敌人，敌人必然为其所诱。

还如，"进而不可御者，冲其虚也；退而不可追者，速而不可及也。故我欲战，敌虽高垒深沟，不得不与我战者，攻其所必救也；我不欲战，画地而守之，敌不得与我战者，乖其所之也"（《虚实》）。进攻使敌人无法防御的，是因为冲击了敌人薄弱的地方；后退使敌人无法追及的，是因为迅速得使敌人赶不上。

孙武的这些论述十分精彩，掌握主动，调动敌人，用兵如神。我想打，敌人就不得不打；我不想打，敌人就无法打；我进，敌不可御；我退，敌不可追，攻、守、进、退，主动权稳操我手，这是何等高明的战术思想、何等高明的指挥艺术、何等高明的深刻论述！归纳起来，孙武认为战场上争取主动权主要有两种手段。

一是先处战地，以逸待劳。就是讲在战场上先敌行动，先到战地，先敌准备，先敌展开，必然形成以逸待劳的优势，这样，就能争取作战主动，就为作战胜利打下好的基础。例如美军在全球各个战略要地不断强化前沿军事存在，就是为了塑造"先处战地"的有利态势，牢牢掌握主动权。美国陆军《2012年陆军战略规划指南》、《2012版陆军顶层作战概念》和《2013年陆军战略规划指南》，将其主要使命和职能确定为"阻止冲突、塑造战略环境和打赢国家的战争"三项，从中可以清晰看到其"一线部署"与"先发制人"的因果逻辑。军队在平时就以侦察、巡航、演习等形式积极介入地区局势，其重要目的就是在和平时期塑造有利的态势，服务其外交战略，获取更大的国家利益；在局势恶化后、战争爆发前，能第一时间反应和处置，保证军事行动的主动权。

二是示之利害，调动敌人。一方面要用小利引诱敌人自动来就范，另一方面，又要用各种手段和办法破坏敌人的行动和企图，使其不能先期到达战场。这样，敌人就会被我所调动，由佚变劳，由饱变饥，由安变乱，从而达到掌握主动，以实击虚的目的。

辽沈战役中，林彪以约 70 万优势兵力，对付卫立煌约 55 万劣势兵力，然而林彪围攻长春久围不下，局面迟迟打不开，主动权在慢慢失去。毛泽东、周恩来等经过深思熟虑，力主南下北宁线，把锦州作为首战目标，"攻其所必救"。锦州是东北和华北两区的咽喉，东北是依赖华北作为供应基地。锦州攻下了，就断绝了东北供应，敌军就无法长期赖在东北。同时也断绝了敌军华北傅作义与东北之间战略上的相互策应，形成关门打狗之势。攻锦州，敌人非增援不可，这就在战略上调动了敌人，争取了主动。敌人增援，就有可能求得在运动战中歼灭敌人，大大地在战术上创造了灵活用兵的条件。历史完全证实了毛泽东、周恩来等人判断的正确。果不出他们所料，当我大军攻锦州时，华北之敌增援，在塔山被阻止，无法得逞。沈阳之敌，大举出援，被我在运动中，包围于大虎山，经激战之后，被我全歼。长春之敌投降。是役，全歼国民党精锐 47 万人，一举解放了全东北。

"致人而不致于人"的关键就在于"主动"与"被动"。这是争取战争胜利的重要条件，也是作战指挥者首先要考虑的问题。毛泽东总结了古今战争和历代兵家的战争理论，结合中国革命战争的实践，更加深刻地指出："一切战争的敌我双方，都力争在战场、战地、战区以至整个战争中的主动权，这种主动权即是军队的自由权,军队失掉了主动权,被逼处于被动地位,这个军队就不自由,就有被消灭或被打败的危险。"① 并指出:"这里说的主动性,说的是军队行动的自由权,是用以区别于被迫处于不自由状态的。行动自由是军队的命脉,失了这种自由,军队就接近于被打败或被消灭。一个士兵被缴械,是这个士兵失了行动自由被迫处于被动地位的结果。一个军队的战败,也是一样。为此缘故,战争的双方,都力争主动,力避被动。"②"无论处于怎样复杂、严重、惨苦的环境,军事指导者首先需要的是独立自主地组织和使用自己的力量。被敌逼迫到被动地位的事是常有的,重要的是要迅速地恢复主动地位。如果不能恢复到这种地位,下文就是失败。"③

四渡赤水之战,红军处于绝对劣势,毛泽东充分利用敌之间矛盾,根据情况变化灵活变换作战方向,指挥红军纵横驰骋于川黔滇边境地区,巧妙地穿插于敌重兵集团之间,有效地迷惑和调动敌人,抓住有利战机集中兵力歼敌一部,牢牢把握战场的主动权,成功地摆脱了敌人的围、追、阻、截,取得了红军战略转移中具有决定意义的胜利。这是以少胜多、以劣胜优、变被动为主动的光辉范例。

未来信息化局部战争具有参战力量多元、组织协同复杂、战况瞬息万变、指挥对抗激烈的突出特点,要想做到"致人而不致于人",就必须在以下几个方面下功夫。

一是争取先机之利,形成主动态势。孙武"致人而不致于人"的重要前提就是"先处战地"——先敌准备,先敌部署。

---

① 《毛泽东选集》第 2 卷,人民出版社,1991,第 410 页。
② 《毛泽东选集》第 2 卷,人民出版社,1991,第 487 页。
③ 《建党以来重要文献选编(一九二一——一九四九)》第 13 册,中央文献出版社,2011,第 503 页。

毛泽东十分强调"不打无准备之仗，不打无把握之仗"。在现代战争中，战前的准备比以往更为重要，如海湾战争，实际作战才42天，而以美国为首的多国部队前后准备了一年多时间。在未来信息化局部战争中，我军可能仍处于技术武器装备落后的地位，要以劣势技术装备战胜优势技术装备的敌人，变技术武器上的被动为主动，就必须做好战前的各项准备工作，认真研究未来可能发生的信息化条件下局部战争的新特点、新情况与新要求，认真探讨在信息化条件下劣势技术装备战胜优势技术装备的战法，认真做好信息化条件下作战的心理准备、技术准备、物资准备，争取先机之利，形成主动态势。

二是注重示形诱敌，创造主动条件。战场上两军对阵，主动与被动是相对的，不是一成不变的。被动者通过主观努力是可以摆脱被动争取主动的，主动者如果无所作为，也会丧失主动陷于被动，关键就在于作战指挥者能否广施权变，招招争先。我军在过去的历史上，都是以落后的武器装备战胜拥有先进武器装备的敌人，变被动为主动，最终战胜敌人赢得战争的胜利。在未来可能发生的局部战争中，虽然我军在技术武器装备上不占优势，但我军有一套长期积累起来的以劣胜优、以少胜多、以弱胜强的作战经验和打法。只要我们将这些作战经验和打法，结合信息化条件下局部战争的特点与规律认真加以研究和总结，从中找出一套克敌制胜的新的战法，在战争中灵活应用，并在作战指挥中充分发挥人的主观能动性，示形诱敌，创造主动条件，是完全可以战胜敌人的。

三是充分调动敌人，形成主动地位。孙武强调的"动敌"，就是调动敌人，这也是争取主动地位的重要方法。古今中外的著名将领都十分重视运用这一作战方法。毛泽东指挥的四渡赤水、前三次反"围剿",以及其他战役战斗,之所以能够在敌强我弱的情况下战胜敌人,就是活灵活现地运用了这一作战方法,充分调动了敌人,使我变被动为主动,最终打败敌人。在未来信息化局部战争中,不管武器技术多么先进,战场情况发生什么样的变化,而作战指挥的基本原理是不会改变的。谁能调动对方,使对方跟着自己的指挥棒转,谁就能争取战争主动,谁单纯依赖技术装备,不去创造战机,不去调动敌人,谁将失去主动,变为被动。无数战争实践都充分说明了这一点。

四是应用战胜不复,实施主动手段。采用灵活多样的战法与形式是创造主动态势、争取主动权的重要手段。孙武讲的"战胜不复,而应形于无穷",指每次作战胜利都不是重复老一套的方式,而是适应不同的情况变化无穷。"魔高一尺,道高一丈"是战争中争取主动权的关键。在未来可能发生的信息化局部战争中,我军在技术武器装备敌强我弱的情况下,只有以变化多端的作战手段、灵活机变的战略战术,才能抑制敌先进技术武器装备的发挥,才能掌握战争主动权。

第四节　避实击虚:水因地而制流,兵因敌而制胜

避实击虚,顾名思义,就是要避开强大的敌人或敌人的强点,打击弱小的敌人或敌人的弱点。很显然,这条讲的是选择作战目标的问题。我们知道猎豹一般不会去攻击大象,它的目标是幼小的麋鹿、落单的羚羊。连动物都知道挑比自己弱的下手,人类的战争更是如此。《虚实》篇指出:"夫兵形象水,水之形,避高而趋下,兵之形,避实而击虚;水因地而制流,兵因敌而制胜。"避实击虚,什么是实,在孙武看来,主要是军队的勇、强、

治、饱、佚、众、锐气、有备等；他所说的虚，是指军队的怯、弱、乱、饥、劳、寡、惰归、无备等。对应起来，所谓避实击虚，就是要以勇击怯、以强击弱、以治击乱等等，而不是相反。

更为难能可贵的是，孙武还看到了实和虚，也就是战争双方的强弱态势，不是静态的，一成不变的，而是动态的，此消彼长的。他说："乱生于治，怯生于勇，弱生于强。"（《势》）混乱从严整中发生，怯懦从勇敢中发生，衰弱从强盛中发生。并且可以通过一定的手段，促使它们相互转化。举个例子，著名的曹刿论战，说的就是春秋时期发生在齐国和鲁国之间的长勺之战。两军交锋齐军曾经获胜过，于是骄傲自大，轻视鲁军，主动发起进攻。鲁军则是坚守阵地，持重待机，连续 3 次挫败了齐军的攻击。曹刿看到齐军"一鼓作气，再而衰，三而竭"，士气低落，鲁军则是士气旺盛，抓住战机全线出击，一鼓作气冲破齐阵，大败齐军。孙武看到这一点，指出"无邀正正之旗，勿击堂堂之阵"（《军争》）。敌人阵容整齐、兵力强大，就不要去攻击它，否则就是往枪口上撞；"避其锐气，击其惰归"（《军争》），避开敌人的锐气，等待敌人松懈疲惫了再去打它。特别是在战斗的初始阶段，强大的敌人组织得都比较严密，缺点和弱点不易暴露，我避其锐气，蓄盈待竭，等待战机变化，敌我力量出现消长。当敌人的许多弱点暴露无遗时，我便可以抓住战机，进行有力的反击。

在论述了避实击虚的一般原则后，孙武还进一步阐述了如何来探敌虚实，堪称实操典范。孙武认为，探敌虚实有"四部曲"——"策之而知得失之计，作之而知动静之理，形之而知死生之地，角之而知有余不足之处。"（《虚实》）研究敌情，观其行动，来分析敌人作战计划的优劣；搅动一下敌军，来了解敌人的活动规律；侦察一下情况，来了解哪里有利哪里不利；进行一下小战，来了解敌人与我谁强谁弱。运用虚实的秘诀，就在这"四部曲"之中。

大概用"黔驴技穷"的成语，更能通俗易懂地理解"角"字。唐朝大文学家柳宗元讲的一个故事，除了用来讽刺虚有其表、外强中干、无德无才之人，还说明了一个道理，即老虎之所以对以前从来没有见过的驴从怕到不怕，正是由于老虎通过小心翼翼地试探，才知道了驴的底细。驴除了大喊大叫以及用蹄子猛踢，实在是没有别的本事了。于是老虎大吼一声，扑了上去，把驴吃了。这里，老虎小心翼翼地试探，就是通过与驴的简单交手，也就是"角"，知道了驴的虚实，认为自己完全可以对付这头驴，最后下定决心：吃驴。

日常生活中，这种"试探"也很常见。举个例子，四个人用三副扑克牌打"升级"，甲亮出了"黑桃"主牌：乙要反"黑桃"主牌，因为他有三张"小王"，但是他故意不全出，而只出两张来反"黑桃"主牌。丙有两张"大王"，于是就亮出两张"大王"来反乙的两张"小王"。正当丙得意扬扬之际，乙亮出了三张"小王"反掉了丙的两张"大王"，仍然以自己的意愿确定了主牌。乙说："本可以一次用三张牌敲定主牌，但是，先出两张可以试探一下他人的实力，也可以隐蔽自己的计谋和实力。"打牌是这样，打仗也是一样。解放战争时期，在毛泽东的亲自指挥下，西北野战军粉碎了敌人对陕甘宁解放区的重点进攻就是一个典型的例子。1947年3月，国民党反动派集中34个旅23万多人的兵力，对陕甘宁解放区实行重点进攻。当时西北野战军主力只有6个旅共2万多人。面对来势汹汹的敌人，我们避敌锋芒，用一小部兵力将敌主力引走，用我主力包围歼灭敌小股部队，在青化砭、羊马河、蟠龙连打 3 次胜仗，歼敌 3 个旅上万人，探清了敌军的虚实，增加了获胜的信心，同时积累了丰富的战斗经验，为后续歼灭集中强大之敌创造了有利条件。

论述完避实击虚的原则和探敌虚实的方法后，孙武又将此推论到一条亘古通今的用兵规律，可谓画龙点睛的神来之笔。他指出，"水因地而制流，兵因敌而制胜。故兵无常势，水无常形，能因敌变化而取胜者，谓之神"（《虚实》）。水流因地形的变化改变方向和流速，作战也要因敌情的变化决定取胜的方针。所以作战没有固定的方式，就像水没有固定的形状。能根据敌情变化随机应变而取胜的，就叫做用兵如神。孙武的高明就在于，既能以对立统一的观点辩证地看待虚实的矛盾运动，又强调充分发挥主观能动性，通过运用谋略来促使这对矛盾向对立面转化，积极主动地创造出我实敌虚的有利态势。孙武活在 2500 多年前，他能用辩证唯物的观点来对待战争问题，这是非常高明的。所以曹操评价说："吾观兵书战策多矣，孙武所著深矣！"

作战目标的选择，是作战筹划的首要内容，自然也是谋略运用需要考虑的核心内容。在信息化战场上，作战目标选择应借鉴孙武的"避实击虚"思想。在信息化战场上，军队的力量配置、使用过程也与以往战争一样，有虚实、强弱、众寡、优劣之分。高明的指挥员应充分利用各种战场侦察手段，积极察明战场上敌部署之虚、弱、寡、劣，而快速调集己方之实、强、众、优以击之。在海湾战争中的地面作战阶段，多国部队察觉到伊拉克军队正面较强，而侧翼较弱，遂以美军第 7 军实施大迂回攻击，以一记漂亮的"左勾拳"，轻取了虽占有一定的数量优势但形众实弱的伊军。这是信息化条件下"避实击虚"军事思想运用的成功范例。

现代战争与传统战争相比，具有许多新的特点，如信息化武器装备杀伤威力大，命中精度和自动化程度极大提高，建立在卫星和计算机基础上的自动化情报和指挥系统反应敏捷，战争表现为全方位、立体战、时间短等等。这些都为虚实变换提供了广阔的天地，同时又为避实击虚增加了一定难度。由于军队信息化程度的不断提高，战场透明度逐渐增大，战场上敌我双方力量部署上的虚实、强弱、优劣、众寡，很容易被对方察觉，要想做到以虚掩实、以实示虚确实难度很大，实而虚之、虚而实之、实而实之、虚而虚之等谋略战法的运用将面临更大的困难。然而，这并不是说通过虚实转换达成避实击虚就不可能了。事实上，只要发挥人的主观能动性，充分利用信息化战场上信息渠道多、传播快、处理及时等特点，大量发布信息，真假信息混杂，使敌淹没在信息流之中，诱其上当，同时，细心分析、利用来自战场上的各种信息，善于真正察觉敌之虚、弱，与敌展开信息战，这样，避实击虚谋略战法也必将在信息化战场上再现辉煌。

在现代战争中如何运用避实击虚的基本原则呢？大体说来，必须做到以下几点。

第一，必须知敌虚实。"避实击虚"从理论上讲很容易明白，但要真正做到并非易事。其中一个很重要的原因，就是在战争中，交战双方总是互相欺骗对方，虚中有实，实中有虚，难以弄清对方的真实情况。为此必须发挥主观能动性，运用各种侦察手段，了解和掌握敌人的真实情况以及作战意图，这是采取相应对策，制定正确的战略战术的基本依据。海湾战争中，伊拉克对美军的虚实情况及作战意图，始终摸不清楚，一直处于被动挨打的地位，也可说是伊拉克战败的重要原因之一。

第二，要以我之虚来牵制敌之实。在现代战争中，我方要进行各种伪装，把自己的虚实情况掩盖起来。要制造各种假象，使敌人把我之虚看作实。要设计用谋，以我之虚兵来牵制住敌之实兵，以此来掩护我之实兵对主要作战目标的打击。毛泽东说："错觉和不意，可以丧失优势和主动。因而有计划地造成敌人的错觉，给以不意的攻击，是造成优势和夺取主动的方法，而且是重要的方法。"① 例如，在马岛战争中，阿根廷军队用老式飞机吸引和牵制住英军的防空主力，而用具有远程和超低空性能的先进飞机，穿过英军的防空间隙偷袭英国军舰，进行电子干扰，使具有先进雷达设备的英国军舰来不及采取对抗措施，遭受了重大损失。

第三，抓住有利战机，以我之实打击敌之虚。要在对我有利的时机或作战方向，集中我之优势兵力，打击敌人的薄弱而又要害之处。敌人的虚有各种不同的形式，它们的地位和作用是各不相同的。只有打击那些既是虚弱又是要害之处，才能对战争全局起到重大影响作用。这是避实击虚、克敌制胜的关键。在海湾战争中，美军有一个致命的弱点，即战场离美国本土遥远，后方运输线漫长，很容易遭受破坏。如果伊拉克能抓住美军的这一弱点，"乘敌之隙"，"避实击虚"，派出兵力，在美军漫长的后方交通线上，开展各种形式的斗争，以破坏美军的海上运输，那么整个海湾战争的进程、面貌和结局也许就是另外一番景象了。

总之，在信息化条件下，虚实运用仍然是设计用谋的核心。即使再强大的敌人，也总会有其弱点和虚弱之处，因而避实击虚仍然是克敌制胜的基本原则。"乘敌之隙"，"拣弱的打"，狠狠打击敌人的虚弱而又致命的环节，依然是弱军战胜强军，以劣胜

---

① 《毛泽东军事文集》第 2 卷，军事科学出版社，1993，第 320 页。

优的基本战法。

第五节　奇正结合：凡战者，以正合，以奇胜

有人说，《孙子兵法》十三篇，最难懂的是《势》篇。而《势》篇中最难懂的，要属"奇正术"。孙武的原话是这样的："凡战者，以正合，以奇胜。"意即大凡作战，一般是以正兵挡敌，以奇兵取胜。所以，善于出奇制胜的人，战法层出不穷，像天地一样无边无际，像江河一样奔流不竭。奇正之法是孙子兵法的重要作战指导思想，也是克敌制胜的有效战法。正，是指挥作战的常法，用正兵挡敌，与敌交战；奇，是指挥作战的变法，以奇克敌，以奇制胜，这是指挥作战的特殊手段。

奇正是我国古代一对十分重要的军事矛盾范畴。孙武首论奇正，从本质上揭示了这对矛盾的基本规律。其后历代兵家对此有很多理解、阐述和运用。奇正的含义非常广泛，一般来说，常法为正，变法为奇。分言之：在兵力使用上，守备、钳制为正兵，机动、突击为奇兵；在作战方式上，正面攻击、明攻明打为正兵，迂回侧击、暗攻袭击为奇兵；在作战方法上，按常规一般作战为正兵，采用特殊战法作战为奇兵。在战争中，一般只存在奇正二策，但它们的变化却无穷无尽。因此，孙武称这种变化如天地运行般无穷无际，如江河之流奔腾无止境，如一年四季般周而复始；称这种组合就如同五色、五声、五味一样，单个数少，组合数多。作战指挥者只有洞悉这瞬息万变的战场变化，巧妙地运用奇正之法，才能取得战争胜利。

孙武认为，善用奇正是有效发挥军队作战力量的关键，是制敌取胜的枢机。孙武主张指挥作战者应深知奇正之奥妙，善于正

确、巧妙地处理正兵与奇兵的辩证关系，在战场上创造和利用有利态势，有效地发挥军队作战力量，出奇制胜地打击敌人。孙武关于奇正的基本观点如下。

一是奇正结合。孙武强调，善用者既要精通常法，又要精通变法，把常法与变法即一般与特殊有机地结合起来，奇正结合，奇正并用。二者不能偏废，不能因强调用奇就忽视用正，也不能因强调用正而忽视用奇，二者要有机结合，把握得恰到好处。这就是孙武所说的："凡战者，以正合，以奇胜。""三军之众，可使必受敌而无败者，奇正是也。"(《势》)兵书《阵纪·奇正虚实》写得更加明白："有正无奇，虽整不烈，无以致胜也；有奇无正，呈锐无恃，难以控御也。"就是说，作战只用正兵而无奇兵，即使阵容很方整，但没有威力，无法取胜；相反，只有奇兵，而无正兵，即使部队很精锐，却无雄厚的力量依托，难以控制战局。唐初军事家李靖说得深刻："凡将，正而无奇，则守将也；奇而无正，则斗将也；奇正相得，国之辅也。"①

二是奇正相生。就是在奇正的基础上，通过一定的手段使奇正进一步相互转化。即奇可以转化为正，正可以转化为奇。孙武说："终而复始，日月是也。死而复生，四时是也。声不过五，五声之变，不可胜听也。色不过五，五色之变，不可胜观也。味不过五，五味之变，不可胜尝也。战势不过奇正，奇正之变，不可胜穷也，奇正相生，如循环之无端，孰能穷之？"孙武将奇正相生比喻和描述得何等精彩。他用声、色、味的变化无穷来比喻奇正相生的变化无尽。奇与正是同一事物的两个方面，奇正之间相互联系、相互依赖、相互转化、相互结合，这正是奇正的妙用

---

① 《兵经百字　唐李问对》，中州古籍出版社，2018。

之所在。当出奇兵有利时，就把正兵当奇兵使用；当正兵相抗有利时，就把奇兵当正兵使用。这样一来，仗就打活了。这就说明了奇正的相对性，奇可变正，正可变奇，奇也是正，正也是奇，相生相变，乃至无穷。《唐李问对》说："善用兵者，无不正，无不奇，使敌莫测。""以奇为正者，敌意其奇，则吾正击之；以正为奇者，敌意其正，则吾奇击之。"这种对奇正相生的深刻理解道出了孙武奇正相生的本意。用现在的话来理解奇正相生的道理，就像一场足球比赛，脚上带球的队员就是正兵，是全场焦点，也是对方的重点盯防对象，而此时积极跑位的队友就是奇兵，当球传给这位队友，就发生了正兵与奇兵的转换，如是反复，直到破门。

三是出奇制胜。孙武在奇正结合、奇正相生的基础上最终强调的是要出奇制胜。他说：凡战者，以正合，以奇胜。这听起来讲的是"奇正结合，奇正并用"，而其核心是要出奇制胜。从整体上讲，"奇正结合，奇正相生"都是争取战争胜利的手段与战法，其目的是出奇制胜。就"出奇制胜"而言，"奇"是手段，"胜"是目的。即在战争中要以出奇、超常的手段来达到作战取胜的目的。奇就是毛泽东所说的"灵活机动的战略战术"。出奇的妙用之处就在于战法变化多端，常变常新，敌人难以把握规律，处处处于被动；我则可以牢牢把握作战的主动权，出敌不意，攻敌无备，一举获胜。因此，《百战奇法·奇战》中说："凡战，所谓奇者，攻其不备，出其不意也，交战之际，惊前掩后，冲东击西，使敌莫知所备。如此，则胜。"

刘伯承元帅是我国杰出的军事家，他对《孙子兵法》有很深的见解，在解释正兵和奇兵时作过如下分析："正兵和奇兵，是辩证的统一，是为将者必须掌握的重要法则。奇中有正，正中有奇，奇正相生，变化无穷。""什么是正兵呢？大体上讲，按照通常的战术原则，以正规的作战方法进行战斗的都可以叫正兵。根据战场情况，运用计谋，攻其无备、出其不意，打敌于措手不及，不是采取正规的作战方法，而是采取奇妙的办法作战的都可以称为奇兵。"刘伯承元帅对"奇正"的解释也揭示了孙武奇正辩证统一的军事思想。用兵之道，变化无穷，同样的原则运用各自巧妙不同。在人类历史长河中，战争是不可避免的，是非常频繁的，而战争的胜者，无不与运用谋略、巧妙用兵有关。真乃"运用之妙，存乎一心"。

《孙子兵法》虽然产生于两千多年前的冷兵器时代，与现代信息化战争时代相比发生了翻天覆地的变化。但是，不管技术与兵器怎么变化，其作战的策略、作战的原则、作战的方法等基本的内容不会改变。因为，再强大的军事实力要靠人去发挥，再先进的技术装备要靠人去使用，高科技的现代战争要靠人去谋划与组织指挥。所以，孙武"奇正之变"的战法不仅适应古代战争和近代战争，同样也适应未来高科技条件下的现代战争。

我国实行的是积极防御的战略方针，即战略上不打第一枪，人不犯我，我不犯人；人若犯我，我必犯人。但一旦敌人来犯，必然予以猛烈还击。因此对我国的战争之道来说，运用孙武"奇正之变"的战法，最主要的应把握三个方面。

第一，奇正之变的首要任务是增强作战之初的抗打击能力。孙武所谓的"凡战者，以正合，以奇胜"就是指用正兵挡敌，用奇兵取胜。正兵挡敌是前提和条件，没有正兵挡敌，奇兵就难以取胜。挡敌就是对抗，对抗也就是抗打击。在信息化战争局部战争中，抗打击是作战的首要任务。能否抵抗住对方的前期打击是关系到战争胜败的重要环节。特别是在敌强我弱、我处守势的情况下，抗打击更为重要，只有抵抗住对方的前期打击，才有时间、有机会实施奇兵之法，争取作战主动取得战争胜利。从世界发生的局部战争可以清晰地看出，战争被动的一方，或者叫失败的一方，都缺乏作战的对抗能力，不能有效地抗击敌人的首次冲击，无论是海湾战争还是科索沃战争，一个明显的共同特点就是抗不住对方前期打击而以失败告终。因此，在未来高技术条件下的局部战争中，如何在战争初期抗敌空中力量打击、远程导弹突击和网络电磁攻击，是我们必须首先考虑的问题。

第二，奇正之变的核心问题是增强作战手段的机动性。为了争取战场上的主动权，并形成有利的作战态势，军队有组织地转移兵力兵器和转移杀伤力的行动被称为军队的机动。自有战争以来就有军队的机动。古代军队的机动手段比较简单，样式比较单一，只是简单的兵力机动。从远程火炮出现之后，火力机动就成了军队机动的重要样式。随着高技术的发展，软杀伤力的机动也将成为未来战场上机动的一种重要样式。高科技为现代战争机动能力注入了新的活力，同时又使军队的机动受到更多的限制。由此可见，未来的高技术战争中，军队的机动与反机动的斗争将会变得更加重要，更加激烈；军队机动的形式、机动的内容、机动的手段、机动的目的将发生很大的变化，军队机动行动将贯穿于战略、战役及战术范围攻防作战的全过程。

第三，奇正之变的关键问题是作战样式的多样性。奇正相生、变化无穷、出奇制胜是孙武"奇正之变"的精髓所在。在战场上以变迷敌、以巧用兵、以奇取胜，这是历代兵家所追求的。高技术武器装备运用于战场后，各国军队都在作战样式上进行过很多探索和实践，现代战争的作战样式已初见其形。如重点打击的导弹战、大范围的电子战、大规模的空袭战、远程奔袭、立体防御、立体进攻、夜间突袭等，都是拥有先进技术装备国家军队作战的基本样式。在现代战争中，在技术装备处于敌强我弱的情况下，如何争取战场主动取得战争最后胜利，作战样式的选择与变化也是十分重要的。

战争历史证明，孙武奇正之变、灵活机动的战略战术是敌强我弱情况下作战的重要手段，也是以劣势装备战胜先进技术装备之敌的法宝。这一作战方法既适应过去的战争，又适应现代战争，也适应未来信息化战争。

第六节　密切协同：善用兵者，譬如率然

"率然"是古代传说中的一种蛇，《神异经·西荒经》中写道："西方山中有蛇，头尾差大，有色五彩。人物触之者，中头则尾至，中尾则头至，中腰则头尾并至，名曰率然。"《孙子兵法》写道："善用兵者，譬如率然。率然者，常山之蛇也。击其首则尾至，击其尾则首至，击其中则首尾俱至。敢问：'兵可使如率然乎？'曰：'可。'"孙武这段话的意思是说：善于用兵打仗的人，他们所统率的部队就像"率然"一样。所谓"率然"，是传说中生于常山的一种蛇。这种蛇反应灵敏，身体各部位协调配合，浑然一体，如果击其头，蛇尾就会救应，如果击其尾，蛇头就会来救应，击其腰，头尾就会一齐来救应。打仗能像"率然"一样吗？可以！这里孙武形象地用"率然"比喻战争的整体（全局），以首、尾、中比喻战争的各个局部，任何局部遭到敌人攻击，则与之相应的有关各个局部均应主动支援，使之成为一个相互配合的有机整体，这就是作战的指挥与协同。

在古代，虽然还没有产生现代意义上的"协同动作"这一概

念，也没有这一专业术语，但是早已经有了相互配合作战的行动和相关论述。比如，《司马法》中多处涉及作战中诸兵种协同的内容，如《定爵第三》篇中谈到"凡阵，行惟疏，战惟密，兵惟杂"，《天子之义第二》篇中又说，"兵不杂则不利"。充分表明了古代军事家对诸兵种协同作战的高度重视。《吴子·应变》篇中谈到应对在山谷中与敌遭遇的"谷战之法"时认为应当先"轻足厉兵，以为前行；分车列骑，隐于四旁"，即稳住己方阵脚，令敌人无隙可乘。然后"车骑挑之，勿令得休"，从而疲敝、消耗并最终击败敌人。说的正是车、步、骑兵的配合运用、协同作战。同样是《吴子·应变》篇，在谈到对付"有师甚众，既武且勇，被大险阻"且"深沟高垒"的敌人时，主张将部队分成五支来配合运用。各部队采用"战胜勿追，不胜疾归"的办法，以便达到使"敌人必惑，莫知所加"的效果。进而"分为五战"，"一结其前，一绝其后"，最后"五军交至，必有其力"。充分展现了协同作战的思想。吴起实战经验丰富，以上可以视为战国时期的实践经验的总结。

关于如何做到协调一致，孙武引用了《军政》中"言不相闻，故为金鼓；视不相见，故为旌旗"之后说："夫金鼓旌旗者，所以一人之耳目也。人既专一，则勇者不得独进，怯者不得独退，此用众之法也。"意思是说，无论是金鼓还是旌旗，都是根据人们的视力、听力所设置的统一军队作战行动的指挥信号，军队的作战行动一经统一，勇敢的士兵不能恃勇而独自前进，怯懦的士兵不允许畏敌而独退，全军将士必须步调一致，齐勇若一，这就是指挥大部队作战的方法。在孙武所处的春秋后期，列国兵力大约数万。兵种主要是战车兵，以及少量步兵、骑兵和舟兵。打仗时分前中后三军，其中前军是先锋部队，中军是主将统帅的主力部队，后军主要担任掩护和警戒任务，分工明确。可以设想，数万人的军队分成不同兵种，担任不同任务，双方在数十公里的范围内连日交战，部队忽而集中，忽而分散，忽而前进，忽而后退，难以控制；双方激烈交战，互有伤亡，军心士气也在不断变化。战场上仅靠旌旗和金鼓这些原始的指挥手段，想要及时准确地协调控制军队是非常不易的。但无论如何，仍然要想办法达到统一指挥、密切协同，为此孙武提出了平时加强对士兵的教育管理，战时利用地形断绝退路等手段，在当时的历史条件下也不失为管用的办法。

当代战争是双方乃至多方力量在陆、海、空、天、电、心理、认知及经济、政治、外交等领域激烈对抗，兵力运筹范围数千公里以上，参战军兵种多达数十种，仅美国陆军一个合成营就有各型车辆上百台。要想做到"譬如率然"、"携手若使一人"，其难度可想而知。但是，由于信息化指挥通信手段的出现，古时候"三军一人""齐勇若一"的理想正在变为现实。这就是今天我们所说的联合作战。

联合的本质是统一指挥，协调行动。1955年1月，张爱萍组织实施了我军历史上首次陆海空三军联合渡海登陆作战，一举攻占一江山岛，大陈列岛不战而克，解放了浙东沿海全部敌占岛屿，给国民党反攻大陆的图谋以沉重打击。我军参战兵力是前华东军区陆、海、空军各一部。当时战场上的场景是：登陆艇编队前方是各类艇船组成的火力支援群，两侧是高速舰艇组成的掩护队，上方是低空的强击机群、中空的轰炸机群、高空的高速歼击机群。一名守备一江山岛的国民党军士兵回忆道："在炮火轰鸣中，只见许多登陆艇正向我们开来。解放军的军舰也在用大炮向岛上阵地轰击。解放军的飞机又在我们头顶俯冲，炸弹、炮弹响成一片,我们的地堡被炸毁,我刚爬出来,解放军已经冲上岸来,不久就把我俘虏了。"这一段话生动描述了联合作战的威力。

俄军的联合作战也很出色。发生在2008年8月8日的俄格之战中,俄三军部队快速反应、密切协同:俄第58集团军,在接到命令后的2小时20分钟内,就完成了一切作战准备,并开始实施战役行动;对格鲁吉亚的战略分割,只用了3天;从开始实施反击作战,到主要战事结束,只用了5天时间。俄罗斯空军对格鲁吉亚纵深的战略目标,包括黑海沿岸的波季港、格军第二旅驻地谢纳基市、第五旅驻地霍尼市的军事基地、第比利斯近郊的瓦兹阿尼军用机场等目标进行了空袭,从而掌握了战场的制空权。俄罗斯海军紧随其后,由"莫斯科"号巡洋舰和"机灵"号护卫舰等组成的特混舰队,进抵格鲁吉亚海域,实施海上封锁。当格鲁吉亚导弹艇与俄军舰艇对峙时,俄海军随即向4艘格军舰艇开火,当即击沉一艘。俄三军部队在统一指挥下协调行动,打的干脆利索。

重点说一说美军。以信息化推进联合最典型的代表就是美军。世界公认,美军是军种联合的探索开拓者,也是联合程度最高的引领者。美军推进联合有着极为现实的需求动力,在二战中出现的军种之争深刻地阻碍了美军的战场行动。比如太平洋战场出现的尼麦之争,这并不是美军陆军五星上将麦克阿瑟和海军五星上将尼米兹的个人恩怨,之争的实质就是陆军和海军的指挥权之争,非常难以协调,最终总统出面解决。这样的负面效应,使得美军下决心要取消各军种独立的作战指挥权,建立联合作战指挥体制,实行战场上的集中统一。当时盟军的总司令,后来的总统艾森豪威尔曾说:"地面、海上和空中作战各行其是的时代已经结束,万一我们再次陷入战争,我们的所有军种将拧成一股绳，群策群力，共同作战。"为此在二战以后，美军一直从事联合的改革，短短十来年的时间里，进行了两轮大的改革。第一轮改革，从 1947 年到 1949 年。以 1949 年通过的《国家安全法修正案》为标志，创立了以国防部为主体的领导指挥体制，设立了参联会主席和联合参谋部，解决了战略上指挥权的统一问题。紧接着在 1953 年到 1958 年，又进行了第二轮改革，通过了国防部改组法，进一步明确了战区联合司令部的指挥权，实现了作战指挥权和建设管理权相对分开的体制性突破，这标志着联合作战指挥体制基本成型。看上去美军的联合推进得很顺利，主要问题都得到了解决，军种联合统一指挥很快就能实现。但事实并不是这样，之后长达 30 多年的时间里，美军联合实践依然是困难重重，无法落地，联合作战依然是问题百出，一再失利。越南战争中，指挥极为混乱，甚至出现了一架轰炸机要同时听命于四个互不隶属机构指挥的现象。到八十年代，美军入侵格林纳达的时候，各军种依然是拥军自重，互不配合。陆军的少校想要召唤近在眼前的海军舰艇给予火力支援，海军根本不予理睬，这个少校只能通过自己的公用电话，和美国本土的陆军总部取得联系，然后通过五角大楼来进行协调，指挥链又长又绕。陆军和海军陆战队无法在作战任务中形成配合，干脆在格林纳达岛中间画一条线，各负责一半。现在我们回过头看，美国在二战中就已经意识到了联合的必要性和重要性，有力推联合的总统艾森豪威尔在主持大局，又通过国家层面的法律来确保联合，为什么联合只能是停留在纸面上无法落地呢？美国人自己都很感慨，说美军的联合作战改革进入了一个冬眠期。这里主要有四个因素起到了重要的阻碍作用。

一是军种至上传统的束缚。美军军种至上的传统非常鲜明。

这种传统再加上现实利益的争夺，比如军费的划拨、指挥权的归属、武器装备的采购、人员的任命等，往往导致军种之间的恶性竞争。在这种前提下推进联合，导致各军种的联合抵制。他们在表面上赞同联合、支持联合，但实际上他们会灵活地解读联合的法律法规，然后在实践中利用自己掌握的行政资源去规避、去影响。对于这一点1971年美国驻欧洲空军司令戴维斯有一段话讲得非常透彻，他说："我有三个上司，美国联合司令部司令官、北约战区司令官和空军参谋长。空军参谋长对我的影响最大，因为我的部队隶属于他，人员由他任命，财权由他掌握。"可见，根深蒂固的军种至上的传统在根本上阻碍着联合的推进。

第二，就是和平时期军队保守思想的影响。通常大家认为军事领域应该是最充满活力最超越常规的领域，但和平时期它往往也是思想最保守的领域，很难主动进行彻底的自我革新。在推进联合的过程中，艾森豪威尔一再强调要放弃军种指挥，他说这种时代已经过去了，对于属于那个时代的军队体制，我们必须消除对它的感情。但是联合的架构搭建起来不容易，联合的思想要确立起来更不容易。传统思维方式有着巨大的惯性，所以在1986年一个国会议员歌德华特毫不客气地指出，他说虽然国会批准了1958年的《国防部改组法》，但法案明确提出的统一指挥的概念在过去的任何时候都没有被国防部充分实现。

第三个阻碍因素是美国文官治军政治原则的制约。文官治军是美国基本建军原则的政治底线，而联合指挥要求把分散在各军种的指挥权转移集中到一个联合指挥机构，从政治的角度看，存在着军人权力过大的可能性。这一点美国非常忌讳。朝鲜战争中，杜鲁门之所以解除麦克阿瑟的一切职务，就是因为出现了拥军自重的情景。可见，美国有一部分政治力量是有意地鼓励军种分离，权力分散。

第四点就是军事技术条件的阻碍。20世纪60~70年代新军事技术革命刚刚开始酝酿，这样的技术条件还不足以支撑军种之间的互联互通。所以，它往往只能是战争目的一致的合作，难以向下延伸。

美军的联合之路虽然极为艰难曲折，但最终得以实现得以突破，在于美军突破阻力推进联合的关键举措。

第一，以创新的法律制度设计推进联合。美军联合结束冬眠期，出现实质性的突破是1982年到1986年的第三轮改革，标志是1986年的《国防部改组法》。因为它是两位国会议员主导推动的，因此也被称为《歌德华特·尼尔科斯法案》。这个法案被认为是美国二战以来最伟大的立法。前国防部长莱斯阿斯廷甚至说，这是1775年大陆会议创建大陆军以来，美国军事史上最伟大最彻底的一次改革。这个法案之所以伟大，并不是它提出了颠覆性的概念，或者是理论，它就是通过实实在在的举措，解决了联合的落地问题。比如说，前面提到很大的一个顾虑，文官治军。对此，法案强调，是在文官治军的前提下，建立联合作战指挥体制，它明确规定了高层的建设管理权、战略指挥权在总统和国防部长，现役军人中职位最高的参联会主席，只是总统的军事顾问，没有作战指挥权。还有参联会怎么克服军种利益的问题。参联会之所以是一个空架子，因为它所有的要通过的法案，需要全体成员，也就是各军种参谋长的一致同意，这就很难避免相互照顾相互推诿。这一点，法案强化了参联会主席的权力，要求参联会联合参谋部都由主席掌管。这样一来主席就不代表任何一个军种，而是代表美军，可以不向任何军种妥协让步，推进真正的联合措施。另外我们还可以看到，作战指挥如何排除军种影响的克服措施。前面提到过，军种可以通过掌握行政资源对作战指挥施加影响，对此，法案强化了战区司令在作战指挥方面的权力，包括指挥权、部署部队权、任免下级军官权和后勤保障的完全控制权。特别值得一提的是，它对于下属军种指挥官的任职表现评价，对于这个人以后的晋升有着极大的权重。这种实实在在的举措彻底确立了战区的地位，结束了军种干预战区的可能性。在此后的海湾战争中，体现了非常好的效果。当时所有部队的作战指挥权集中在中央战区司令施瓦茨科普夫手中，他非常满意，他说："战争中非常清晰的指挥链和对下级军官的权威，使我们在战场上统一指挥部队和联合作战的能力无人匹敌。"这一点有力保证了海湾战争的胜利。

第二，以高层意志和担当合力推进联合。通常我们知道，一项重大改革的成功在很大程度上需要国家政治领导人的决心和意志，但与此同时，它也离不开军队高级将领的积极倡导与戮力推进。这些人作为实践者，要把政治领导人的决心意志转化为实实在在的举措，承担着巨大的压力和风险。可以说，美军推进联合的每一个关键步骤都有这样一批高级将领的身影。比如，1986 年的《国防部改组法案》，是当时已经当上参联会主席的戴维斯琼斯倡导的，那么他在公开倡导之前，作为参联会主席，在五角大楼内部反复争取了很多年，希望各军种参谋长支持军队的自我改革，但是一再失败。最后，他不惜以在听证会上突然提出这一问题的方式，要求借助国会的力量来进行改革。这种做法之前是从来没有过的。我们也可以设想一下，一个军方的最高将领，在全国人民面前自我揭短，说军队存在严重问题而且军队自身无法解决，这是一种什么样的精神？它会引起什么样的反响？当时整个五角大楼一片哗然，大家都愤怒地把他称为背叛者。琼斯本人坚持认为，他的做法是对国家安全的最大贡献。历史证明，他是对的。但当时他本人承受的压力和风险可想而知。

第三个方面，战争中的失误倒逼推进联合。美军在二战结束后已经历的一系列战争和军事行动，当中所暴露的问题不断倒逼着美军推进联合。一个典型的例子就是海湾战争。当时空军和海军的指挥信息系统不能互联互通，海军每天不得不起降好几架飞机，从波斯湾和红海的航母上飞到中央司令部所在地利雅得，取回当天对伊拉克空袭任务指令，分发给各飞行中队。我们一提到海湾战争，联想的都是信息化，但是我们要知道任务指令的下达可不是什么信息手段，就是一包 A4 纸，用塑料袋裹得严严实实的，从飞机上扔到航母的甲板上。这种作战影响可想而知。为此，战后美军马上设立了首席信息官，成立了国防部互通信测试中心和标准化办公室等机构，大力加强互联互通建设，可以说正是在这样的一次次战争实践当中，美军开始形成了无战不联、无联不胜的共识，并且不断在实践中强化这种共识，进行调整。

第四个方面，以不间断全方位的改革推进联合。这些年大家看到美军的改革很多，新技术革命、军事转型、四年一次的防务审查等等。这些转型背后的定海神针只有一个，就是联合。正如美国前国防部长拉姆斯菲尔德所说，推动各军种之间的联合作战，以及调整与之匹配的制度形式，是美军改革的核心问题。从这一点，我们可以看出美军的各个领域改革确实是聚焦联合。比如说作战指挥领域，前面我们讲到过三轮大的改革，建立了作战指挥权和建设管理权分开的指挥链。2016 年，美国新一轮的国防体制改革启动，它还在追求最为彻底的联合指挥。还有作战理论领域，我们知道的网络中心战、空海一体战、网空作战、全球一体化作战等，这些所创新的都是联合作战理论，针对不同的作战对象来发展联合作战理论。信息技术领域更是如此，层出不穷的计划、概念都是为了形成联合作战的系统支撑。人才培养领域更是如此，公布的制度、标准就是为了在全军形成联合优先的用人导向。还有国防管理领域，两轮大的改革目的就是实现各种力量一体化的管理保障体系。

通过以上分析可以看到，美军的联合是一个系统工程，它是通过军队建设各个方面的改革转型形成合力，逐步推进。美军推进联合的经验教训告诉我们：推进联合必须自上而下推动，需要凝聚高层共识。推进联合涉及极其复杂的利益调整和强制性的权力转移，不仅需要明确权责，还需要有效强化法律设计。推进联合是一个不断探索的过程，认清联合规律需要反复深入研究，要在实践中不断深化认识、不断总结完善。

第七节　攻心为上：三军可夺气，将军可夺心

《孙子兵法》是我国古代最伟大的军事著作之一，它不仅是世界上现存最早、最全的一部兵法，也是世界上第一部战略、谋略全书，更是一部最早阐述心理战理论的著作。战争对人的影响不外乎两个方面，一是"身"，二是"心"。孙武早就认识到了这一点，他不战而屈人之兵的全胜思想，出其不意、攻其不备的战略原则，从对敌人施加影响的角度看，都是在强调攻"心"的重要性。所以他把激励士气、巩固己方的心理防线和摧毁敌方的心理防线也当成其战略战术的一个重要方面，这个思想在《孙子兵法》中有多处论及。

例如，《军争》篇指出，"三军可夺气，将军可夺心"。对于敌人的军队，可以打击它的士气，使之士气颓丧；对于敌人的将

军，可以搅乱他的决心，使其指挥失误，贻误战机。再如，"朝气锐，昼气惰，暮气归"。兵士在早晨士气饱满，白天逐渐懈怠，傍晚就疲乏思归了。所以"善用兵者，避其锐气，击其惰归，此治气者也"。善于打仗的人，不去打士气高涨的军队，而要想方设法使敌军疲惫松懈后，再去打它，这就是掌握军队士气的方法。而对于敌人的将领，可以搅乱他的决心。又如，"以治待乱，以静治哗，此治心者也"。将帅用自己的军队的严整等待敌军的混乱，用自己的沉着冷静等待敌将的多疑急躁，这是掌握将领心理的方法，等等。

孙武的攻心思想从本质上可以理解为对敌将帅与兵卒的精神和心理实施"刺激"和影响，采取各种有效手段进行心理作战，使敌人产生紧张、恐惧、惊慌、疑虑、不安、疲惫、厌战、疏忽大意等不良的心理障碍，从而导致其士气低落，战斗意志动摇和指挥决策的失误，最后迫使其心理防线彻底崩溃而被击败或降服。

刚才讲的是认识层面，具体而言，在操作层面如何攻心夺气呢？通观《孙子兵法》全篇，给出了两个比较具体的方法。

首先，孙武认为，作战时心理攻击的重点应主要放在将帅身上，针对将帅自身心理品质的缺陷去寻求克敌制胜的方法。孙武说："故知兵之将，生民之司命，国家安危之主也。"（《作战》）懂得用兵的将帅，是民众的司命，国家安危的主宰，地位重要。而"心者，将之所立也。夫治乱勇怯，皆主于心。故善制敌者，扰之而使乱，激之而使惑，迫之而使惧，故彼之心谋可以夺也"①。用现代的话来说就是，决心是将军所赖以指挥战争的支柱。军队

① 《十一家注孙子》，中华书局，2012。

的整治、混乱、威勇、怯弱，都取决于将军的决心。所以，在战争中"衰三军之气，莫若夺一将之心"。把将帅作为心理攻击的重点，也是中国古代心理战思想所揭示的一条重要规律。

孙武特别重视将帅在战争中所起的作用，他深刻认识到将帅的心理品质、修养对军队作战胜负的影响。把将帅作为心理攻击的重点，就要重点了解敌方将帅的心理特征。"知敌之众莫若知敌将之性"。从心理学的角度讲，"知敌将之性"，主要是指掌握敌将的气质、性格、能力、意志、情感等各方面的特征。孙武曾深刻分析了将帅性格上可能存在的五种致命弱点："故将有五危：必死可杀，必生可虏，忿速可侮，廉洁可辱，爱民可烦。凡此五者，将之过也，用兵之灾也。覆军杀将，必以五危，不可不察也。"（《九变》）对于将领来说有五种危险的情况：有勇无谋、只知拼死，就可能被敌设计所杀；贪生怕死，在危险条件下怯战，就可能被敌威慑、俘虏；刚愎自用，一意孤行，急躁易怒，就可能因受敌的凌辱而轻举妄动；廉洁好名，过于自尊，听不进不同意见，就可能因被污辱而失去理智；只知"爱民"而优柔寡断，就可能坐失良机而陷于被动。

孙武在2500多年前对军事将帅心理品质弱点的概括，是世界上最早从军事心理学角度阐述将帅个性心理特点与作战成功与否的关系的著名论述。历史的经验证明，谁能对敌方将帅的性格了解和分析透彻，谁就能攻其要害，谁就更易于掌握战场上的主动权，这是被无数战争实践证明了的重要规律。例如，历史上有著名的"李广难封"之说。李广是西汉著名将领，20岁开始打仗，60多岁死节，和匈奴打了70多仗，历任七郡太守，尽忠职守，却不曾封侯，确实比较难堪，汉武帝说他打仗运气不好，果真如此？与卫青、霍去病等晚辈相比，他不输雄心勇毅胆识，但在性格上有明显缺陷。他性格宽缓简便，不喜欢文书烦琐。行军不立曲部行阵，遇好水草，就停下来休息，人人自便。不用向导带路。这样打仗，在茫茫无边的敌人暗伺的荒漠里散漫行走，不等接战，就已经陷在危境中了，因此屡被敌兵窘迫致败。李广同辈名将程不识批评他说："李将军治军极简便，得士卒心，如果猝然遇敌，却恐怕抵挡不住。"相反，我们再来看看18岁就被封为冠军侯的霍去病，为人深沉机密，不多说话，气壮敢猛进。打仗时，霍去病的部队军形严整，善用向导，行军神速，重视间谍，不但避免被匈奴攻袭，还能每次都精准打击匈奴主力，突飞猛冲，首虏无数，继溃追歼，经常大获全胜。漠北之战后李广不忍羞辱，自刎而死，世人唏嘘，为其惋惜！但导致这个结局的，也不能全都怪了运气。俗话说，性格决定命运，在李广、霍去病身上真是展现得淋漓尽致。

孙武提出的第二条方案，就是用心理激励方法鼓舞军队士气。士气是军人集体精神状态和集体意志的表现。就每一个军人个体而言，良好的心理状态和积极的作战动机是构成集体士气的基础。从某种意义上来说，士气就是战斗力，是决定作战成败的关键因素。孙武不仅总结了趁敌人士气低落时打击敌人的方法，而且还系统地阐明了不使己方陷入"惰归"的心理激励的具体方法。一方面，要《养气》。孙武认为："谨养而勿劳，并气积力。"就是说，为了激励士气必须休整好部队，养精蓄锐，不使过度疲劳。这样才能使军队始终处于"以近待远、以逸待劳、以饱待饥"的旺盛心理状态。另一方面，要"应激"。孙武认为："帅与之期，如登高而去其梯，帅与之深入诸侯之地，而发其机。"焚舟破釜、登高去梯这种典型的置之死地而后生的应激手段，目的就是创造一种出乎意料的紧张心理状态，使官兵在涉及性命攸关的紧要关头或危险情况面前，激发出一种勇往直前的战斗精神。

以上就是孙子兵法的心理战思想，不难看出，他十分重视利用人的精神因素对战争胜负施加影响。巧合的是，西方兵圣克劳塞维茨也十分强调精神因素的重要作用。和他同时代的西方名将拿破仑曾经说过："战争中，军队的精神状态足以保障四分之三的胜利。"克劳塞维茨也认识到法国大革命和拿破仑战争之所以能够取得一个又一个的辉煌胜利，重要原因之一是他们有着巨大的精神优势。他认为，当时欧洲各国军队在技能和训练方面差不多达到了相同的水平，作战方法也变成了一套几乎是各国军队所通用的方法，就当时的情况来看，军队的民族精神和战争锻炼有着更大的作用。在《战争论》中他指出，在战斗过程中，精神要素普及于战争的各个领域，有惊人的作用，能使物质要素具有生命力，对军事力量有决定性的影响，因而得出结论说："精神因素是战争中最重要的问题之一。""物质的原因和结果不过是刀柄，而只有精神的原因和结果才是贵重的金属，才是真正锐利的刀锋。"看来在对精神力量的高度重视方面，东、西方两位兵圣未经"磋商"便达成了高度的一致。这也从一个方面说明了，人的战斗精神是战争胜负的关键因素，特别是在两军装备、训练水平大体相当的情况下，精神力量更是决定性因素。

正因为如此，在现代军事斗争领域中，对对手精神意志的攻击和对自身精神意志的防护正越来越受到重视。战争的目的本来就是用暴力手段迫使对手屈服于己方的意志，如果兵不血刃，不用付出伤亡代价，就能让对手主动让步，或陷敌于被动挨打的境地，此等美事又何乐而不为呢？这正是梦寐以求的理想境界呀！所以当代军事家们便想方设法地研究如何来促成这件美事。随着军事高技术的广泛应用，心理战的地位和作用愈来愈凸显，其样式和手段也在不断发展。现代战争中的心理战贯穿于战略、战役和战术层面，比以往更能促成军队以较小的代价取得大的战果，直至实现不战而屈人之兵的战争最高目标。

举个战略"夺气"的例子，两次车臣战争。第一次车臣战争中，俄罗斯军政当局意见分歧，不同媒体立场纷纭，对国外的舆论和干预行动没有进行有效的防护与反击，造成民心不齐，士气低落，最终导致作战行动遭到重大挫折。第二次车臣战争中，俄罗斯吸取教训，高举反恐大旗，大力宣传战争的正义性。同时，不断揭露西方国家干涉其内政的险恶用心，及时有效地反击其各种心理攻击阴谋，振奋了民心，鼓舞了士气。与此同时，对车臣非法武装展开全方位、高强度的心理攻击，瓦解了他们的士气，为取得战争的胜利创造了条件。

再举一个战术"攻心"的例子。第四次中东战争中，一名埃及飞行员正与以色列对手展开激烈空战。突然，耳机中传来妻子关切的声音："亲爱的，回家吧，我和孩子需要你。"埃及飞行员一走神，立即成了对方的靶子，被击落了。其实，这名飞行员的妻子根本没有叫他回去，所谓"妻子的呼唤"乃是子虚乌有，竟然是美军制造出来的。原来，战前美军就掌握了部分埃及飞行员的信息（包括家庭情况），这样一来，美军在模仿埃及飞行员妻子声音说话的时候，就可以讲出更多细节，显得很真实。结果，飞行员在空战的紧张情况下，信以为真，陷入短暂的思维混乱。埃及飞行员发愣犹豫的当口，就是以色列空军难觅的战机。美军不仅模仿埃及飞行员妻子的声音，还模仿其指挥官的声音下达错误指令。结果，埃及飞行员被误导，改变飞行路线和投弹地点，甚至直接飞入以色列防空部队的打击范围。

现代战争中，心理战已成为一种相对独立的作战样式和可以直接达成战略目的的手段。不仅如此，心理战的重要地位和作用在某种程度上已超出了军事斗争领域，渗透到了政治、经济、外交、文化等诸多领域，直接服务于国家大战略。可以说心理战已成为"战争之外的战争，战争之上的战争"。在未来军事斗争中，我们必须高度重视心理战的战略地位和作用。

兵法点评

孙武用兵，对争取主动是非常重视的。他的先发制人、速战速决的思想，集中兵力、避实击虚的思想，奇正结合、密切协同的思想，攻心夺气、瓦解敌军的思想等等，归根结底都是为了把主动权牢牢掌握在自己手中。所谓兵法"千章万句，不出乎致人而不致于人而已"（《唐李问对》）。致人而不致于人，这正是战法运用问题的核心，是交战双方都极力追求的理想境界，也是把战局导向胜利的必要条件。

未来我们面对的是信息化条件下联合作战，随着战争形态演进为秒杀战、无形战、超限战，夺取战场综合制权的重要性更加凸显。实施作战的基本要求仍然是力求主动，力避被动，孙武提出的快速应变、扬长避短、避实击虚、以能击不能等基本的用兵思想，对今天夺取战争主动权仍然有重要的指导意义。

| 第四章 |

善借外力的制敌之术

《孙子兵法》虽然以"兵法"命名，但它不单单是一部讲如何用兵的书，它还跳出了"用兵"的局限，站在战争全局的高度，剖析了所有与战争密切相关的制胜因素，提倡要充分利用外部的有利条件，驾驭所有制胜因素，为我所用，为我服务，以争得战争胜利。兵法《地形》《九地》《火攻》《用间》等篇就是专门论述这些问题的，其余多篇也有多处论及。孙武提到的与战争胜负密切相关的外部因素，主要有间谍、联盟、天时、地利、火攻，以及出国作战的粮食补给、战俘的转化运用等。

第一节　重用间谍：以上智为间者，必成大功

《孙子兵法》最富于神秘色彩的一部分内容就是《用间》了。用间，就是使用间谍。间谍，是指被情报机构秘密派遣到对象国从事以窃密为主的各种非法谍报活动的特工人员，又指被对方间谍情报机构暗地招募而为其服务的本国公民。尽管现在商战中出现了商业间谍、工业间谍等说法，但间谍这个词的本义其实是一个军事领域的专有名词，就是指收集、传送或泄露关于国防

的情报。

军事情报是战争行动的前提。掌握战争的信息和情报，是对战争情况、规律的认识问题。能否全面、及时、准确地获取情报，直接影响国家安危和战争胜负。间谍早已有之，我国有史料记载的间谍可以追溯到夏朝，历史极为悠久，可以说伴随着国家的产生而产生；西方的间谍活动也非常兴盛，"中情局""克格勃""摩萨德""军情六处"并称为"世界四大情报机构"。著名的"007系列"电影中的主人公詹姆士·邦德的身份就是军情六处的特工，"007"是他的代号。当今世界，虽然科技水平提高了，从地上到天上，水下以至太空，形成了全方位、全角度、大纵深的"传感器监视网"，但是有一条是不变的，那就是"最好的情报还是来自人"。所以美国即使拥有最尖端的高技术侦察武器，但仍然每年都用上百亿美元来专门培训特工人员。利用间谍早已是很多国家搜集国防情报的重要手段。而孙武早在2500多年前就对间谍的作用、范围，使用间谍的路线、方法，作了全面而系统的论述。他的兵法第十三篇《用间》就是专门讨论这个问题的。

为什么开辟专章来论述"用间"问题，还要从孙武对"知"的重视谈起。《用间》篇第一句话，就摆明了问题的来源。他讲："凡兴师十万，出征千里，百姓之费，公家之奉，日费千金。内外骚动，怠于道路，不得操事者，七十万家。相守数年，以争一日之胜，而爱爵禄百金，不知敌之情者，不仁之至也，非民之将也，非主之佐也，非胜之主也。"翻译成白话文就是，凡是打仗用兵十万，出征千里，老百姓的耗费，国库的开支，每天要花费千金之多。并且给全国内外带来动乱和不安，运输军需物资的队伍和行军的兵卒疲惫地在道路上来回奔走，因此不能耕作的将有七十万家。这样相持几年，只为了争得一朝胜利。如果吝惜爵禄和金钱而忽视情报工作，以致不能了解敌情而失败，那就是最不仁慈的人，就不是良好的将领，不是国君的好辅佐，不是能打胜仗的主帅。他连用三个"非"字来加强语气，反复强调一个观点，那就是不明敌情、轻率用兵，是极其愚蠢的行为，这样做就是庸将，就是昏君。

那么，情报从哪里来呢？在孙武那个年代，技术手段不发达，没有卫星、侦察机、电台、电话，主要靠人力情报，换句话说，就是要用重金厚禄收买间谍来获取情报。他讲："故明君贤将所以动而胜人，成功出于众者，先知也。先知者，不可取于鬼神，不可象于事，不可验于度，必取于人，知敌之情者也。"意思是说，开明的国君，贤良的将帅，之所以动兵打仗就能战胜敌人，成功的次数超出一般众人，就在于他事先了解情况。要事先了解情况，不能靠祈求鬼神去获取，不可用占卜凶吉来预测，也不能靠夜观天象去验证，一定要从了解敌人的人那里去获得。这个"人"这就是间谍。

古今中外打仗都离不开间谍。秦国发动统一六国战争之后，除收买拉拢、离间分化、散布谣言，军事上获取情报之外，还采取了"财剑兵"三部曲的间谍战：暗中派智谋之士携带黄金美玉去游说各诸侯列国。凡是名臣良将能用金钱收买的就收买，拒不接受的就暗杀，部队则紧随其后去攻打。这是一项十分有效的战略措施，极大地加快了统一战争的进程。它是把间谍斗争与军事斗争紧密结合起来，实实在在地体现出武力征服是间谍活动斗争的延续。

一个好的间谍作用堪比一支军队。举个例子：2003 年伊拉克战争，萨达姆本来想和美军打持久战，争取国际舆论支持，结果却一触即溃，美军只用了 20 多天即结束战斗。为什么能速胜？这就要归功于美军的间谍战。据《时代周刊》报道，美军用了七万五千美元，成功地收买了一名曾在伊拉克特别安全局工作过十多年的双面间谍（"必索敌人之间来间我者，因而利之，导而舍之，故反间可得而用也。"——《用间》），并在 2003 年 2 月将其送回了伊拉克，令其进行了一系列的策反行动（"因是而知之，故乡间、内间可得而使也。"——《用间》）。此人用五千美元买通总统府安全官员，从中知悉了许多共和国卫队的机密，包括军队驻扎地和导弹发射架、重型炮台的部署位置。所以开战后几天内，美军就将这些目标轰炸殆尽。美军还用一万五千美元收买了巴格达国际机场安全指挥官，把机场的每一幢建筑、每一个地堡，防守最弱的岗哨及直升机登陆的安全地点，在地图上描绘得清清楚楚，所以美军很快控制了巴格达国际机场。此外美军还派出特种部队渗透到伊军后方，收买了许多伊军将领，使伊军不战自降或解散。总体来看，美军在用间上的全部开支未超过一亿美元，然而在战场交锋的三周里，平均每天消耗 3.3 亿美元。如果美军原计划作战一个月，以缩短一个星期来计算，就可节省 23 亿美元。

这印证了孙武的主张，妥善地用间搜情，可发挥以小博大的杠杆效果（"爱爵禄百金，不知敌之情者，不仁之至也。"——《用间》）。更何况缩短战争的时程，除了能节约战争费用支出，还能减少军队的伤亡，这绝非有形的钱财所能比拟的。所以孙武才会说："故明君贤将，能以上智为间者，必成大功。"

孙武不但论述了间谍的重要性，还指出了运用间谍的方法，即乡间、内间、反间、死间、生间五种，不管现代侦察手段如何高明，间谍的类型大致没有超出这五种的。

第一种是乡间。"乡间者，因其乡人而用之。"意思是用敌方或敌国的人作为间谍。启用敌国的民众作为我方的间谍，主要采用收买、威吓、引诱等方式，其中利用政治意识形态上的差异吸收为间谍的方式是最安全最持久的方式。在一个名为"幻影行动"的战斗中，以色列人就启用了一名瑞士工程师成功地从瑞士运回了一车皮的有关法国幻影飞机的绝密文件。

第二种是内间。"内间者，因其官人而用之。"意思是用敌方的官员作为间谍。由于间谍在敌方有职有权，就更能接近一些机密的材料和首脑人物，这样就有了窃密、离间、刺杀等机会，为己方的胜利制造先机。比如在冷战时期，一个东德的超级间谍巧妙地打入了西德政府内部，并成功地当上了勃兰特总理的机要秘书和政治助理。这一事件造成西德政坛一片混乱，成为西德有史以来最惊人的间谍案之一。

第三种是反间。"反间者，因其敌间而用之。"意思是通过各种手段转变敌人间谍的立场，反为我用。孙武特别重视对反间的使用，他认为："五间之事，主必知之，知之必在于反间，故反间不可不厚也。"在第二次世界大战中，英国海军就成功地利用一个叫塔特的间谍导演了一场没有水雷的"布雷行动"。这个"空城计"为盟国的海上运输划出了一块很重要的安全水域。

第四种是死间。"死间者，为诳事于外，令吾间知之，而传于敌间也。"所谓"死间"，是指利用我方间谍（即那个悲摧的死间）向敌人散布虚假情报，诱使敌人上当受骗，敌人知道上当受骗后，往往将他们处死。"死间"往往深入虎穴，其处境十分险恶，随时都有牺牲的可能，这就要求"死间"对己方绝对忠诚，同时还要求行动绝对机密，乃至于不让"死间"知道这些情报是虚假的。

春秋时期有一个著名的死间案例。郑武公想伐胡国，怎么办呢？先和胡国联姻，让他儿子娶胡女为妻。然后在朝会的时候，问群臣，我国要开疆拓土，往哪边发展合适呢？大夫关期思说："胡可伐。"关期思的判断是对的，但可悲的是，他不知道主公问这话的目的是找一个死间，他这算是第一个举手报名了。郑武公"大怒"，道："胡，兄弟之国，子言伐之？何也？"把他推出去斩了。胡国国君当然很快听说了，非常感动，不设防备，郑武公就起兵灭了胡国。还有一个案例是郦食其。刘邦派他去说降齐国。他凭三寸不烂之舌，真把齐王给说下来了，他还向齐王拍胸脯，说我要是骗你，你把我烹了。结果呢，他和齐王高高兴兴喝酒。韩信却不愿意一个书生耍嘴皮子比他打仗功劳还大，直接发兵攻打不设防的齐国。郦食其就稀里糊涂成了死间，被齐王驾起锅煮了，齐国也为韩信所灭。

第五种是生间。"生间者，反报也。"死间是一去不复回，生间相反，是活着回来汇报的。意思是派出间谍去侦察敌情，然后由他们亲自来报告情况。这种用间方式最常用，也是最可靠的。

以上是用间的五种方法，孙武概括得非常全面了。在这之后，孙武还有金句，他说："五间俱起，莫知其道，是谓神纪，人君之宝也。"意思是说，五种间谍同时都使用起来，使敌人莫测高深，这是神妙的道理，是国君的法宝。

既然谍报工作如此重要，做间谍又是极其危险乃至送命的工作，所以用间必须遵守一定的原则，即"三军之事，莫亲于间，赏莫厚于间，事莫密于间"。意思是在军中最受信任的是间谍，给间谍的赏赐是最优厚的，事情没有比间谍活动更机密的。

首先是亲密。此处张预注："三军之士，然皆亲抚，独于间者以腹心相委，是最为亲密也。"也就是说，三军将士都亲，但间谍最亲。每一个派出去的间谍，都可能被对方发展为反间。如果我不是亲自领导，重重赏赐，恩义相结，就可能反为敌所用，出卖我方军情了。

然后是重赏。要肯花钱，在间谍工作上，花再大的钱，都是小钱，因为你一是在买天下，第二间谍在出卖自己的生命，于人于己考虑，都不能吝惜。花多少钱都值，在这件事上讨价还价就显得心不诚，别人就不会给你卖命。

最后是保密。没有什么比间谍更秘密的事，间谍工作，就是地下工作，秘密工作。杜牧注："出口入耳也。"只要说出口，就会被听到。因此嘴巴要特别严，一旦事成之前败露，"间与所告者皆死"。

《用间》篇最后一句话，也即整部兵法最后一句话，孙武再次强调了用间的重要作用，他说："明君贤将，能以上智为间者，必成大功。此兵之要，三军之所恃而动也。"孙武所言极是。他告诫我们要想建树大功，必定离不开出色的谍报工作。这也是今天在和平时期，谍报依然兴盛不衰的原因，从"棱镜门""维基解密"等事件我们即可管窥一斑。如果说，早上睁开眼我们还为没有身处战火而感到庆幸的话，那么想一想对于隐蔽战线的谍报人员来说，他们其实无时无刻不在实战当中。

第二节 巧结联盟：上兵伐谋，其次伐交

战争的历史表明，任何战争都离不开外交，都和外交有密切的关系。在某种意义上说，战争就是暴力的外交。"伐交"战略也是孙武战略思想的重要内容。春秋时期，在诸侯争霸与兼并战争中，孙武率先明确提出了"上兵伐谋，其次伐交，其次伐兵，其下攻城"（《谋攻》）的战争指导思想。在战争指导思想上，强

调依靠自己力量的同时，特别强调加强外交活动，联合盟国，以增强自己，削弱敌人，把"伐交"看作比"伐兵"更为重要的外交手段。孙武的"伐交"思想是斗智斗谋的重要手段，备受政治家、战略家、军事家的青睐。

所谓伐交，就是通过外交斗争，瓦解敌人的同盟，使其"交不得合"，迫于势孤力单而不敢贸然发动战争；同时扩大巩固自己的同盟，争取"天下之众"，建立广泛的国际统一战线。伐交也可以理解为进行外交斗争挫败敌人，达到"不战而屈人之兵"的目的，既有挫败敌人外交的意思，也有运用外交达成自己政治目的的意思。在《计》《九变》《九地》等篇中，孙武都论述了"伐交"思想及其运用原则，陈述如下，并以秦灭六国为案例进行解析。

首先，伐交要有强大的军事实力作后盾，即要依靠自己的力量。"夫霸王之兵，伐大国，则其众不得聚；威加于敌，则其交不得合。"（《九地》）凡是王、霸的军队，进攻大国就能使敌方的军民不能够聚集抵抗；兵威加在敌人头上，就能使它的盟国不能配合策应。孙武主张以强大的军力威慑敌人，使其他诸侯国慑于自己的军威而不敢与敌结交，在外交上孤立敌国，迫使其屈服。因此，要以强大的军事力量支持外交斗争。"是故不争天下之交，不养天下之权，信己之私，威加于敌，则其城可拔，其国可隳。"（《九地》）不必争着同天下诸侯结交，也不必在各诸侯国培植自己的势力，只要发展并坚信自己强大的实力，把威力加在敌人的头上，就可以拔取敌人的城池，毁灭敌人的国家。说到底，弱国无外交。伐交的前提是自身拥有强大的实力特别是军事实力作支撑。战国时期，秦国是后起之秀。秦国富强，从孝公开始，也就是从商鞅变法开始。当时一切落后，被诸侯轻视的秦国，施行新法十年，追上并超过山东（太行山以东）的先进国家。秦强大后，其他六国开始联合反秦。秦凭借强大实力对各国威吓离间，使它们互相怨恨猜疑，不能联合与秦对抗。例如秦想攻魏安邑，怕齐救魏，劝齐灭宋。秦得到安邑后，又想攻韩，说齐灭宋是不义，劝诸侯伐齐。秦得到韩宜阳后，又谴责诸侯伐齐的罪行等。六国联合不起来，很大程度上还是忌惮秦国的实力。

其次，要争取同盟国，孤立敌国。孙武在《九地》篇中说："诸侯之地三属，先至而得天下之众者，为衢地。""衢地吾将固其结"。意思是在敌我与诸侯国接壤的地区，要结交毗邻的诸侯国，以取得它们的支持，从而在外交上孤立敌国。这是孙武外交思想的一个重要原则。无论是弱小国家，还是国力比较强大的国家，都应注重争取盟国，孤立敌国，以使己方处于有利的战略态势。战国时期合纵连横，从燕到楚，南北联合反秦叫做合纵，诱山东各国割地和秦叫做连横。策士苏秦见燕文侯说合纵的利益，文侯送他车马金帛，去联合各国，赵韩魏齐楚都听从，还选了赵王做纵长。六国联合，秦国确实感觉困难了，派公孙衍诱齐魏伐赵，破坏纵约。结果合纵只有三年，就被齐魏闹散。李斯曾对秦王说："诸侯如果合纵，大王就有黄帝那样的圣明，也不能成吞并的功业。"秦国最怕合纵，山东各国恰恰不能合纵，这是其灭亡的主要原因之一。

再次，结交诸侯国时，要切实了解它们的计谋。孙武《九地》篇说："是故不知诸侯之谋者，不能预交。"就是说在外交斗争中，结交诸侯国时，要摸清它们真实的意图，以此分清敌友，不能轻易结交。在相互争夺、战和多变的环境下，这是不可或缺的重要方面。有名的典故是张仪欺楚。战国时期，楚王熊槐与齐王田遂约定彼此互救，秦派说客张仪去做楚相。张仪对熊槐说，如果楚与齐绝交，秦送楚商于（河南淅川县）地六百里。熊槐大喜，与齐绝交。甚至派遣勇士见齐王，当面辱骂，对秦表示诚意。后来去秦国要地，张仪说，我只说送六里，没有说六百里。熊槐怒，发兵攻秦，大败，死战士八万，丢掉了汉中郡。熊槐更怒，发全国之兵伐秦，又大败（前312年）。熊槐受秦欺骗，被秦俘获（前299年）。楚丧地破军，国力衰落。楚落得如此下场，要归结于"交友不慎"，中了秦的离间计。

最后，要采取威胁、困扰、利诱等手段，使敌国屈服与归附。孙武《九变》篇中提出"是故屈诸侯者以害，役诸侯者以业，趋诸侯者以利"的策略思想。意思是，能使诸侯国屈服的，是用诸侯国最害怕的事情去威胁它；能役使诸侯国的，是用各种烦劳的事去困扰它；能使诸侯国归附的，是用利益去引诱它，采取这些手段来配合外交斗争。秦始皇十年，尉缭献计说："秦国富强，山东诸侯譬如秦国的郡县。可是诸侯如果合纵，秦有灭亡的危险。愿大王不爱财物，贿赂各国权臣，不过耗费三十万金，可以消灭六国。"始皇采纳尉缭的计策，密派谋士多带金玉，收买各国大臣名士，不受贿赂的或暗杀，或使权臣进谗言杀害。各国内乱，秦兵随后侵入，赵名将李牧大破秦军，秦给赵王宠臣郭开重金，教他进谗言杀李牧。过了三个月，赵灭亡。秦日夜攻韩赵魏燕楚，独齐国远在海滨，不被兵祸。齐相后胜拿了秦国很多钱财，又让自己的宾客接受秦的贿赂，共同劝齐王不修军备，不助五国攻秦。等到五国都被秦国灭掉，秦兵突入齐都临淄，俘虏了齐王。

孙武的"伐交"思想及其运用原则，对后世影响深远，不仅成为历朝历代统治者安邦定国、拓展疆土的重要策略思想，而且也是当今时代处理国际关系、指导现代战争的重要法宝。当前，在世界形势向多极战略格局转化的过程中，形势多变，战无定势；利益交错，邦无定交。谁要想赢得战场上的胜利，谁就必须首先在诸多没有硝烟的战场上争取主动。这些客观现实，为孙武"伐交"思想在现代战争中运用提供了广阔的空间，它对战争指导者驾驭现代战争具有很高的借鉴价值和较强的现实意义。

现代战争动因多样、环境复杂、制约因素众多，仅依靠军事打击往往难以达成目的，军事外交手段的运用越来越受到各国战争指导者的重视。军事外交手段可以为发起战争扫除障碍、为进行战争提供保障、为结束战争创造条件。军事外交手段运用得好，战争尚未开始，胜负结局就可能已定；军事外交手段运用得不好，即使战争中的一方在军事上占有一定的甚至相当大的优势，也可能难以达到预期目的。具体体现在以下几个方面。

第一，战前"伐交"获取支持。现代战争与传统战争的不同特点之一是战争更趋于理性化，其表现主要有两个方面：一是交战双方越来越重视战争的合法性；二是越来越重视国际社会的广泛支持。为了获取战争的合法性和国际社会的支持，交战双方对军事外交作用越来越重视。

一是为战争的发起获取法律支持。任何一场战争都发生在特定的国际法体系之中，要受到该体系的约束。同时战争也往往造成国际法体系的改变。国际法对战争有着复杂而重大的作用，对战争的发起、进程和结束的决策都产生一定的影响。根据相关的国际法，使用武力的合法性主要表现在两个方面：一是合法自卫。《联合国宪章》第51条明确规定："联合国任何会员国受武力攻击时，在安全理事会采取必要的办法以维持国际和平及安全以前，本宪章不得认为禁止行使单独或集体自卫之自然权利。"二是联合国安理会授权或采取的行动。《联合国宪章》第42条规定："安理会如认为第 41 条所规定之办法为不足或证明为不足时，得采取必要之陆海空军行为，以维持或恢复国际和平及安全。"此外，《联合国宪章》第 52 条第一项还规定，区域组织采取行动时，不但需要符合宪章的宗旨和原则，而且需经安理会授权。

因此，开战之前，交战双方应使用一切可能的外交手段，取得战争的合法性，做到师出有名，以减少战争中的阻力。交战双方通常以联合国为讲坛进行外交角逐，争取联合国授权。如第二次世界大战后，以美国为首的西方国家经常通过多边外交活动，为发动战争获得联合国安理会的支持。在科索沃战争中，以美国为首的北约国家，为其在南联盟的军事行动寻求法律依据，促成联合国安理会通过第 1199 号决议。"9·11"事件之后，美国对于伊拉克萨达姆政权拥有的强大军事力量一直耿耿于怀，自 2002 年 9 月至伊拉克战争爆发，美英两国一直为取得"倒萨"的法律依据而展开频繁的政治和军事外交活动。

二是为发起战争寻求国际支持。现代战争的战略环境极端复杂，战争所受的制约因素甚多。无论一个国家或国家集团的力量多么强大，如果它违背了国际社会的意志，它就不可能取得战争的胜利。即使有可能赚得一时的军事胜利，但由于政治经济等方面将受到巨大的损失，其结果也必然是得不偿失。因此，一个负责任的战争指导者在进行战争决策时，务必要对国际形势作深刻的分析，并且对形势的发展有一个基本的估计。在此基础上，展开积极的外交活动，为战争的发起扫清障碍。战争未开，外交先行已成为现代战争的一个重要范式。

美国为"攻伊倒萨"，进行了长期的战争准备，在战前进行了大量的政治外交活动，努力争取国际政治支持。美国认为拉拢盟国共同作战，比自己单独行动更能在政治、法律和道义上占优势。为此，美国十分重视通过外交途径争取盟友在政治和道义上支持，并力争联合国的授权，以便使战争披上合法的外衣。开战前，美国反复向联合国施压，自 2002 年底以来授意英国和西班牙三次向联合国安理会提出了对伊实施军事打击的议案。但 2003 年 3 月美国对伊拉克的战争没有得到联合国的授权，并受到德、法等国家的反对。开战后，为了摆脱被动局面，美国常驻联合国代表致信联合国安理会，陈述对伊进行军事行动的合法性，说伊拉克违反了 1991 年海湾战争后的一项停火协议。为显示美国并非"孤家寡人"，开战后不久，美国急忙公布了支持对伊动武国家的名单，公开承诺参与联盟的已有 44 个国家。可以说，美国利用各种手段拼凑了一个战争"志愿联盟"，达到了削弱对手、造势借力的目的。

三是通过外交手段全面削弱对手力量。为推翻萨达姆政权，美国进行了长期准备，促使联合国通过了对伊进行全面制裁的决议，又联合盟国一起对伊进行政治外交孤立，建立了制裁与封锁伊拉克的政治、外交、经济、军事统一战线。长达 13 年的经济制裁，使伊拉克的国力和战争潜力遭到了严重削弱，联合国一连通过的 13 个决议，更使伊拉克内外交困，在国际上孤立无援。

另外，对于战争中弱势的一方，通过外交手段可以避免或延缓战争。"伐交"既可以为发起战争提供支持和保障，同样也可以为推迟或避免战争提供有利的条件。对弱国来说，如果其面临强大对手的战争威胁，那就要想方设法去推迟甚至是避免战争，只有这样，弱国才可能减少或阻止战争带来的灾难。在这方面，伊拉克的经验是值得学习和借鉴的。

伊拉克战争前，伊拉克面对来自美国的全方位的威胁，如何应对美国成为伊拉克内政外交中压倒一切的首要问题。伊拉克在外交上做了一系列的努力。首先是对美采取灵活务实的外交策略。萨达姆统治下的伊拉克敢于直面美国的威胁，针锋相对地开展外交斗争。随着形势的发展，伊拉克改变了对美斗争策略，逐渐由以往的"硬拼"转向"软硬兼施"，采取边缘政策，在武器核查、"石油换食品计划"等许多问题上玩起了"老鼠戏猫"的游戏。其次主动修复与阿拉伯国家的关系。伊拉克积极通过外交途径修复和改善与阿拉伯国家的关系，以突破美国的遏制，寻求有利于对美斗争的周边环境。再次是争取国际社会的广泛同情与支持。伊拉克积极改善与俄罗斯及西方国家的关系，还使用"哀兵"政策，通过新闻媒体极力渲染国际制裁给伊带来的深重灾难，削弱美国对伊政策的国际政治和道义基础。同时，伊拉克还大力开展民间外交，争取更广泛的理解和同情。它与包括美国在内的一些国家的党派、各种非政府组织以及联合国等国际组织开展多种形式的交流、对话与合作，并利用各种文化、艺术、科研等渠道，通报伊面临的经济困难，广泛宣传伊人民的困境。在伊拉克的努力下，国际社会要求解禁的呼声不断升高。

第二，战中"伐交"保障胜利。现代局部战争大多发生在世界大国利益敏感地区，战争中力量变化充满不确定性，所以军事外交对保障战争的顺利进行就具有非同寻常的意义。

一是争取国际支持，确保战略优势。现代社会，国家间既有冲突又有融合，国际关系因而极其复杂。所以置身于战争中的国家，必须在战争期间充分运用外交手段，争取国际社会的长久支持，使自己始终处于优势地位，从而最终赢得战争。冷战后的几场高技术局部战争，都发生于世界敏感地区。在这些地区，多重利益交织在一起。在战争中，为防止相关国家改变战前的立场，使战前已形成的力量对比发生变化，从而增加战争的不确定性，交战中的一方或双方都充分运用外交手段维持或打破战前已经形成的外交格局，以使战争中的国际力量对比发生有利于己的变化，为战争的顺利进行提供保障。

二是协调盟国关系，维护阵营团结。现代战争中，联盟战略的运用深受各个国家的重视。在战争的进程中，如果战争一方盟国间产生分歧和矛盾，那么它就可能招致失败或使战争的发展出现曲折的历程；如果盟国之间保持坚定的团结，即使战争遇到了困难和阻力，也有可能克服。无论是海湾战争还是科索沃战争，美国在战后总结经验时，都着重强调了盟国团结的重要性。在"9·11"事件后美国所进行的反恐战争中，美国及其盟国为了保持盟国间的团结，展开了充分的外交活动。战争期间，美英等国派出了许多使节访问阿富汗邻国，特别是巴基斯坦和乌兹别克斯坦，使它们坚定地站在反恐联盟一边。为了解除巴基斯坦的后顾之忧，美国还多次做印度的工作，缓和印巴关系。此外，战争期间，美国国务卿、国防部长等军政要员还经常与反恐联盟国家保持联系或进行访问，或利用各种国际会议作为讲坛，推进盟国间的团结。

三是孤立瓦解对手，加速其失败。首先是孤立对手。在战争时期，交战者外交任务的核心内容是采取一切措施，最大限度地孤立对方，使其决策者陷入不利的甚至是绝望的境地，最终不得不屈服，以结束战争行为。因此，成功的外交活动对于减少流血的代价，达成战争的目的有着不可低估的意义。其次是瓦解对手。从外交上瓦解对方，是指运用外交攻势，分化和瓦解对方的决策层，使其离心离德，无心恋战，从而加速失败。这里所说的瓦解对方，带有"伐交"的意味。从外交上分化对方，一般有两种情况。其一，直接分化一国内部的决策者，如在其国内培植反对派势力，收买重要官员，策划组织游行示威等民运活动向政府施压等；其二，利用外交手段分化对手的同盟，如采取拉拢收买、打压制裁等方法，使对手的同盟之间产生嫌隙，不能很好联合。

总之，要打赢现代战争，不仅要有强大的军事实力，而且要有高超的外交手段。从某种程度上讲，没有外交保障，就很难赢得战争的彻底胜利，即使赢得了胜利，也要付出更大的代价。

第三，战后"伐交"维护利益。外交手段的运用不仅可以为发动战争铺平道路，为战争的顺利进行提供保障，而且还为结束战争创造条件。因为现代国家间的局部战争不追求极端的战争目的，当双方认为继续战争已无必要，或无利可图时，就可能设法结束战争。而外交手段的运用则可以为结束战争创造条件，主要有如下方式。

一是以谈判结束战争。谈判在结束现代战争中起着重要作用。从局部战争的谈判实践看，以结束战争为目的的谈判主要有以下两种：一是停战谈判，即交战双方为终止军事行动而进行的谈判，它一般不涉及政治内容，只就军事行动的事项做出规定。但停战谈判能否真正结束战争还有赖于停战后政治军事形势的发展。二是媾和谈判，即交战双方为结束战争，特别是以缔结和约的方式结束战争而进行的谈判。通过谈判，可以沟通彼此的立场，互相了解对方目的，以寻求结束战争途径；通过谈判，可以进行讨价还价，确定结束战争的条件；通过谈判，可以将军事斗争的成果转化为政治上的收获。

正是由于谈判在现代战争中可以发挥如此重要作用，打与谈就成了战争的主要特点之一。打与谈的表现形式有先谈后打、先打后谈、边打边谈、以谈促打、以打促谈等。在这方面，伟大的无产阶级政治家、军事家毛泽东深深懂得政治、外交谈判的重要性，他要求革命的人民必须学会用革命的两手，即革命暴力和政治揭露、武装斗争和外交谈判，去对付反革命的两手。为了运用革命的两手去对付反革命的两手，他把革命战争既作为同敌人展开军事较量的战场，又作为同敌人展开政治斗争的舞台，运用了一系列以打对打、以谈对谈、又打又谈、针锋相对的奇谋妙计，绘就既有威武雄壮的武剧，又有脍炙人口的文戏的壮丽画卷。不管形式如何，谈判对于结束战争的作用都是巨大的。

二是接受斡旋以结束战争。斡旋是指第三方出面调解当事方的矛盾。在现代战争中，接受国际社会的斡旋，战争双方坐下来进行谈判，使战争或冲突停止或结束的事例也是比较多的。在战争双方积怨较深、彼此不愿直接谈判，双方对立情绪严重不愿直接谈判，因怕失去面子或示弱等原因双方都不愿主动谈判等情况下，国际社会的斡旋有可能发挥重要作用。特别是交战的一方或双方与斡旋方有着重要利害关系时，斡旋成功的可能性就要大一些。1998年联合国秘书长科菲·安南赴巴格达化解伊拉克武器核查危机就是一个成功斡旋的案例。当时伊拉克领导人萨达姆再次拒绝联合国观察员进入该国部分地区，对伊拉克政府是否持有化学武器进行检查。随后，时任美国总统克林顿强烈暗示要对伊拉克采取军事行动，以让联合国观察员进入相关地区。1998年2月，安南前往巴格达与萨达姆会谈，说服萨达姆与美英达成协议。最终，萨达姆同意让联合国观察员不受限进入八个封闭区进行检查。此次斡旋当时来看避免了（现在来看推迟了）伊拉克战争的爆发。

克劳塞维茨认为：战争在纯概念的抽象领域趋向极端，朝着这个方向发展就是无限暴烈的"绝对战争"。但幸运的是，现实中的战争并不是一个纯概念的抽象领域，战争本质上是政治的继续，必然受到政治的支配，政治表现在国家关系上就是外交。单纯依靠武力打击手段不能解决现代战争中的一切问题，只有把政治外交手段和武力打击手段结合起来，才能最大限度取得有利的战争结局。

第三节　通晓天地：知天知地，胜乃可全

战争和军事行动总是在一定的时间和空间进行的。战争和军事行动的这个特点，决定了人类谋划军事行动时，不能忽略地理环境，需要发挥人的主观能动性去认识和运用自然因素为军事行动服务。早在 2500 多年前，孙武就对天时、空间等因素对军队行动的影响进行了全面、辩证的分析，把地利等自然条件作为影响战争胜负的五大因素之一，提出了"四军之利""地形六者"和"九地之变"之说，较详细、系统地论述了各种自然地理环境的基本特征及其军事价值，归纳出精辟的结论，如："夫地形者，兵之助也。料敌制胜，计险厄远近，上将之道也。"（《地形》）可以说，孙武对地理环境与战争、军事活动关系的认识达到了相当的高度，为后世将帅用兵提供了有益的参考。

地理环境，是指一定社会所处的地理位置，以及与此相联系的各种自然条件之总和，包括气候、地貌、水文、植被和气象等因素。"五事"中所指的"天""地"，是构成战争地理环境的主要因素。孙武把它看成是影响战争决策的基本因素。"天"，天时：昼夜、季节、天候、气象，包括阴阳、晴雨、寒暑等气候的变化以及四季时令的更替。天候问题对军事行动有着直接的影

响，这是战争所依托的时空条件。"地"，是指路程的远近、地势的险阻或平坦、作战地域的宽广或狭窄、地形是否利于攻守进退等，指地形、地貌、地物以及军队所处的相对位置等地理因素，这是战争所依托的空间条件。孙武从战争决策的层次、战争全局的高度，对地理因素的作用进行分析，把地理位置、地形结构、领土幅员、边界特征、自然资源、天候气象等环境条件作为构成战争力量的一个基本要素，认识到地理环境是军事行动的客观依据，是用兵打仗的辅助条件，战争对地理环境具有很大的依赖性，进行战争决策和实施军事行动必须考虑到地理因素的影响。

孙武在《地形》《九地》《行军》《九变》等篇中，都用大量篇幅探讨"知地"，研究各种地形条件下的战法。他的名言"知天知地，胜乃可全""天地孰得""是故散地吾将一其志""六地""地之道"等一系列有关军事地理、战争空间的论断，都是从战略高度强调地理对于克敌制胜的重要作用的，将天地列为决定战争胜负的因素之一，充分显示了孙武作为战略思想家的远见卓识，显示了孙武对地理环境的重视程度。孙武的"四军之利""地形六者""九地之变"之说虽未必科学全面，但其中包括的地形广泛，既有山地、平原、丘陵、江河、湖泊、沼泽、山险、关隘，还涉及国内、国外、与邻国接壤地区，论述范围之广，研究之精细，给我们今天的军事地理学研究树立了光辉的榜样，孙武堪称世界上第一位军事地理学家，他的军事地理观概括起来有以下几点。

一是必须重视天时地理因素对军事行动的影响，趋利避害。孙武从战略高度论述了地理环境对战争胜负具有重要的制约。孙武说："故知战之地，知战之日，则可千里而会战。"（《虚实》）要准确地计算地形的险易远近，以便对军队的开进、机动和部署，阵地的选择、使用和伪装做出正确的抉择，从而把敌情分析与地形利用有机地联系起来。如果只了解地理环境的自然形态，而不懂得它对军事行动的影响和规律，就不能在战争中合理利用地理条件。将帅要对敌情、我情、地情等各方面情况进行综合分析，根据地理因素谋划战略部署，趋利避害，掌握战场主动权，谋求军事行动的胜利。

在中国历史上，地理要素对战争格局影响的例子比比皆是。比如，朱元璋北伐灭元，就对地理因素进行了充分考虑和利用。当时有两种方案，其一是常遇春提出的长驱直入、直捣元大都（北京）的主张。朱元璋认为这个方案太过冒进，从江南穿过山东和中原，深入河北，风险太大。元朝在大都经营百年，城池坚固，一旦不能速取，孤军深入，补给也几乎不可能，驻守中原、山东和河北的元军必然会切断明军的后路，到时候进退两难，后果不堪设想。所以朱元璋没有采取这个冒进的方案，而是采取稳扎稳打的方式。中原四面都连接着元朝地盘，不好打；而山东只有西边和中原相连，所以先打山东，再取中原。这样一来，函谷关以东、黄河以南就都属于朱元璋的了。按道理，在占据山东和中原后，朱元璋该北渡黄河，直逼北京了。但他没有，他没有忘掉关中这个地方，如果此时朱元璋贸然北上，关中的元军就会东出潼关抄他的后路。所以朱元璋没有着急北上，而是在平定中原后，去抢占潼关。在占据了潼关后，派重兵把守，把关中的元军堵死在里面，然后挥师北上，一举攻下大都。这时候元朝大势已去，只能退守大漠。最后朱元璋在占领大都之后，才开始向西，逐步收复山西、关中以及陇右，统一了全国。从这件事上可以反映出朱元璋对中国地理特点以及军事价值有着极深的认识，这也是他北伐获得成功的重要因素之一。

　　再比如，在抗日战争中，地理因素对于改变战争进程也发挥了巨大的作用。战争初期，中日实力悬殊，国民政府提出的对策是：以空间换时间。当时日本人已经控制了东北、华北和山东，很轻易就可以拿下中原，然后以中原为据点，分两路南进，一路经两淮取江南，一路克襄阳取荆襄，不用费太大的力气就可以控制长江中下游。剩下的地方，可以慢慢收拾残局，基本上也不会遇到太大的阻力。所以当时日本人说三个月亡华，不是吹牛，是真有可能。蒋介石的策略是，不能让日本人从华北趁势南下，因为华北到中原一马平川，无险可守，何况这时已经修了铁路，日本人的装甲部队可以沿铁路快速南下，中国根本抵挡不住；因此要想办法让日本人从东往西打，沿长江逆流而上，这样日本军队每前进一步都很困难，中国方面才有更多的时间做战略部署，如集结军队、转移工业、迁都等。因此，蒋介石主动出击，发动了淞沪会战。中国以四倍于日本的兵力投入，付出了七倍于敌的死伤代价，迫使日本将华北的兵力调至华东，虽然战场上失败了，但战略目的却达到了，就是打乱了日本从华北南下的战略意图。无奈之下，日本人只好沿长江西进，南京、武汉，然后又转向南，攻打长沙、衡阳、桂林、柳州，企图从云贵高原进入四川，直逼最终目标重庆。这样一来，虽然中国在战争中耗尽了元气，但是经过如此多的战役，也使得日军兵源后继不足，后勤补给困难，疲态尽显。以日本狭小的国土，是支撑不起一场旷日持久的消耗战的。到抗战后期，日军已成强弩之末，从湖南战场到广西战场，每下一城都费时费力，损失惨重。加之此时同盟国切断从日本本土到东南亚的海上交通线，在广岛、长崎投下了两颗原子弹，日本举国人心崩溃，最终无条件投降。此战我们很好地利用了中国的地形，将日本人的闪电战拖成了持久战，最终取得了胜利。

至于孙武提出的关于利用地形的具体原则，有不少至今仍有启发意义。比如"好高而恶下"，占据高地才有最大的视界，从而便于观察敌军的部署和动态，实施正确的指挥。再如"高陵勿向"的原则，不仅在冷兵器时代必须遵守，就是火器时代、机械时代、信息时代也同样必须遵守。它揭示了山地进攻作战的一般规律，是一条用兵常法。还比如"背丘勿逆"的原则，是说敌军利用丘陵有利地形，依托防地进行防守，我军则不可正面进攻，应当采取打其翼侧或侧后的方式。又比如"绝山依谷，视生处高，战隆无登""绝水必远水""发火有时，起火有日"等等，都是讲作战行动必须与天候地理条件相适应。

二是注重战法运用对地形的依托，"杂于利害"，保持进退自由。利用地形，一定要综合考虑利害问题，保持进退的自由。如果我进退不便而敌进退自如，则为有害；反之，则为有利。鉴于此，用兵中既要考虑进，也要考虑退，始终保持自己的进退自由。进而可攻，退而可守，这就是一个带有普遍性的"地之道"。

将帅必须通晓在不同地理环境下用兵的多种变化方法。一个地区的地理条件和特点在相当长的时间里是不会改变的，但是利用地理条件作战的方法却是可以不断变化的。地形地貌直接关系到军事行动的难易利弊，必须根据不同的地形条件采取不同的作战方法。将地形的利与弊作为对立统一的两个方面来把握，以便尽夺地势之利，获取用兵优势。用兵当然要适应地形，但这种适应不是盲目的，要结合实际情况灵活应对。所以说，地形的利弊是可以转化的，这对战争指导者和指挥员来说是深刻的启示。地形的利与弊，与占据者的有备或无备有很大关系。据有利地形而无备，地形之利则变为弊；据无利地形而有备，地形之弊可变为利。孙武在讲到"隘形"时说:"我先居之,必盈之以待敌。若敌先居之,盈而勿从,不盈而从之。"(《地形》)意思是说,如果我方先占据了有利地形,就要做好各方面的准备工作,以最大限度发挥地利优势。如果对方先我占据了有利地形,千万不要勉强应战,要冷静分析战局,视对方防备情况而灵活决策。聪明的指挥员,应该能够辩证地认识地形的"利"与"弊",巧妙地转化地形的"利"与"弊",将"生地"变为"死地",或将"死地"变为"生地"。一切攻守进退的行动和各种战法的设计,都必须以相应的地理条件为基础,诸如"动于九天""藏于九地""投之亡地""陷于死地""半渡而击"等等,都必须借助于有利的地形,否则就是一句空话。战争最忌讳在无胜算的情况下勉强应战,试图靠侥幸取胜,轻举冒进,终究会铸成大错。

赤壁之战中,曹操率领 20 万大军南下,孙、刘联军只有 5 万人,为什么曹操反而失败了?首先是天时不利,正值寒冬腊月,南方天气阴冷潮湿,北方人适应不了,疾病盛行;再就是地形不利,曹军以骑兵为主,现在让骑兵下马上船打水战,好比赶旱鸭子下水,它不擅长,所以把战船首尾相连,想把水战当成陆战来打,因此黄盖提出火攻敌船之计。而且周瑜和黄盖在当地操练水军,对什么时候起东风非常清楚,所以聪明地借助天时地利打败了曹军。这一仗孙、刘联军的胜利及曹军的失败,从正反两个方面说明了同一个问题,即能否根据地形、天候条件选择恰当的作战方法关乎战争的胜负。

岳飞收复襄阳之战中,李成在江边布阵迎战,错误地将骑兵布置于靠近江边的一侧,反而将步兵布置于另一侧平地。结果被岳飞指出缺点:"步兵利险阻,骑兵利平旷。成左列骑江岸,右列步平地,虽众十万何能为?"然后岳飞命令王贵:"尔以长枪步卒击其骑兵。"又令牛皋："尔以骑兵击其步卒。"结果"马应枪而毙，后骑皆拥入江，步卒死者无数，成夜遁，复襄阳"。是为通晓地形之利害，正确编组和运用战斗队形，发挥诸兵种协同作战的整体威力，夺取战斗胜利的典型。

三是关注地理环境对部队官兵的心理影响。作战是敌对双方力量对抗的过程，善于利用环境力量对敌施加压力和攻击是实施作战的一种重要手段。孙武明确提出将领既要熟悉地理环境，也要了解地理因素对将士心理的影响及其变化规律，"九地之变，屈伸之利，人情之理，不可不察"（《九地》），要求把地理因素与将士心理变化的规律相结合，并揭示出在不同地理因素下官兵心理发生变化的情况，即"故兵之情，围则御，不得已则斗，过则从"，力求把客观环境与部队心理反应协调起来，时刻注意凝聚将士军心、激发将士斗志、振奋将士精神，为争取军事行动的胜利服务。发挥战争主体的主观能动性，在作战中巧妙地运用各种作战环境发起进攻，使敌军心瓦解、士气崩溃，从而导致敌指挥系统瘫痪，战斗力丧失。战争指导者要结合具体情况灵活利用地理环境。一个将领是否懂得用兵，不仅在于他是否熟悉地形及其对战争的影响，更要看他是否懂得变通的道理。

随着高新技术在军事领域的广泛应用，尤其是武器装备物理性能的不断提高，地形、气象等环境因素对作战行动的制约和影响明显减弱，许多情况下军队已经能够比较容易地克服自然条件对作战行动的不利影响，全天候作战能力得到了极大提高。比如，夜暗不再是难以克服的障碍，反而成为优势军队达成空袭突然性可利用的条件。此外，远程打击兵器的使用，使超视距乃至打击纵深目标也不再是鞭长莫及，各种精确制导武器和弹药的使用，使得部队的火力打击受恶劣天气的影响大大减小。同时也要看到，由于信息化战争的战场空间范围空前扩大，战场地理环境日益复杂，又从新的方面对地形、气象等作战环境的认知以及认知作战环境的手段上，提出了更高要求，技术的进步并未也不可能完全消除复杂自然条件对作战行动的制约与影响，特别是云层、大风、大雾、暴雨、冰雹、龙卷风、冰冻等复杂恶劣的气象条件和复杂地形地貌，仍对武器装备的作战效能和指挥控制产生重要影响。再先进的武器装备一旦不能适应恶劣的气象条件，就会降低威力甚至受到损坏。在复杂天气条件下，海、空军有时就无法实施作战。科索沃战争中，受巴尔干地区复杂的气象条件的制约和影响，拥有技术优势的北约空军不得不取消了几百架次的飞行任务，不仅难以对南联盟境内的各种目标进行连续轰炸，而且作战效果也有所降低。

可见，信息化条件下的现代战争，作战地理环境所具有的"知天知地，胜乃不穷"的战略地位没有改变，信息作战环境对整个作战进程仍具有一定的影响作用，地形地貌，变化着的天气和昼夜轮替等仍然影响着战争的各个方面，不论是战略战术，还是武器装备、通信指挥以及部队的效能和官兵的士气等，而且这种影响范围更大、程度更深、持续更久，主要体现在以下几个方面。

一是对作战时机的影响。古今中外，选择有利于己、不利于敌的天时作战，是指挥员普遍遵守的规律。信息化条件下，天候、气象等自然条件对作战时机的选择仍然有重要影响。海湾战争中，美军正确分析海湾地区的气候特点，选择了有利的作战时机。美军仔细研究预想作战地区的地形、气象条件，10~11月气温为4℃~7℃，加上沙漠气候日夜温差可达40℃，不利部队机动和作战。而3月起开始吹起沙尘暴，将会影响部队运动及精密武器装备的完好状况，降低部队作战效能，选在 1～2 月发动攻势为最佳时机。于是，美军参联会确认作为战前准备的"沙漠之盾"行动，完成时间以 1 月份最为适当。美军对首次空袭日期也进行了精心选择。根据"沙漠风暴"行动计划发动首次空袭的作战要求，应选择无月光、无云和少雾的黑夜向伊军发起闪电式的进攻。科学家从天文、气象两方面综合进行分析，预测 1 月 17 日至 20 日、2 月 16 日至 18 日、3 月 17 日至 19 日为三段最佳时间，最后决定选择 1 月 17 日午夜为"沙漠风暴"军事行动的 D 日，达成了对伊突袭成功。2011 年，美军在击毙本・拉登的"海神之矛"作战行动中，充分考虑了天候气象条件。鉴于确定的作战时间 4 月 30 日夜间巴基斯坦上空云层太厚，虽然有利于隐蔽突袭，却不利于隐身机、无人机和侦察卫星对行动情况进行监控，因此决定将行动推迟到没有月亮、天空晴朗的 5 月 1 日夜间。

二是对战场侦察的影响。信息化条件下，虽然现代侦察手段增多，信息获取能力增强，战场单向透明度增大，但地理环境对战场侦察依然有较大的影响。首先，地形条件对战场侦察的影响。不同的地形条件对战场侦察效果有着不同的影响。平原、草原、沙漠地区有利于战场侦察，而山地、丘陵地区，由于地形复杂，可有效削弱战场侦察效果。其次，气象条件对战场侦察的影响。信息化侦察技术装备仍无法从根本上消除地理环境带来的负面影响，比如，尽管大量的高技术、信息化夜视器材广泛应用于战场，使得夜间几乎成了透明的战场。但在恶劣气象条件下，尘埃、风沙、雨雾、雾霾、水汽和气溶胶粒子等对可见光和红外线的散射和吸收作用，会使各种夜视器材的作用距离与观察效果有所下降。

三是对战场机动的影响。机动是现代作战中的重要行动，贯穿于作战准备及作战实施的全过程。随着军事技术和武器装备的发展，部队机动工具和机动方式不断增多，克服空间距离的能力也有了大幅度的提高，但这个克服空间距离的能力是有限的，部（分）队在各空间领域的机动仍然受到地理环境的直接影响。地面机动仍然受地形和道路状况的制约。比如，山地起伏较大，机械化和摩托化部队只能沿通道机动；雨季产生的山洪、河流水位上涨、冬季积雪结冰、夏季高温酷暑等恶劣环境都会给部队带来季节性影响。海上机动除了受海军基地与港口分布及其吞吐能力的影响，主要受风、雨、雾等海洋气象条件和海流、海浪、海水深度等海洋水文条件的影响。空中机动仍然受空军基地和机场的布局、起降能力和气象条件的影响。如我国高寒边境地区，一线机场数量少，起降能力弱，战役纵深力量向边境作战地区实施快速远程机动受到很大影响。另外，气象条件中的云、降水、风、能见度等因素对空中机动都有直接影响。

四是对火力打击的影响。对敌实施综合火力打击是联合作战的主要行动，是夺取联合作战胜利的关键所在。地理环境对火力打击行动的影响是综合的，但主要是受地形、不良气象条件等要素的影响。地形对空地火力打击、海地火力打击、地地火力打击均有不同程度的影响。山地地形制约着各类精确打击武器效能的发挥，茂密的植被影响对目标的精确定位，从而降低打击精度。不良气象条件可以降低各种武器的打击效果。如云雾可影响精确制导导弹和制导炸弹的命中精度，风沙影响目标的定位精度，雷雨制约各种打击行动等。1991 年 1 月 18 日，"沙漠风暴"行动开始的第二天，天气突然变阴，云层高度只有 1000 米，有雾，能见度 3 公里。原定 18 日上午用 F－16 战机袭击巴格达北部的塔吉火箭生产设施，后由于飞机下的云层太厚，不得不改变航向，袭击了预备目标鲁迈拉机场。受这类恶劣天气的影响，仅在空袭的头 10 天中，就有约 15% 的预定飞行架次因能见度低或低空云浓而被取消。海湾地区的沙尘暴是精密武器的又一"杀手"。沙尘暴来临时，黄沙满天，遮天蔽日，能见度急剧下降，军事行动受到极大影响，美军有时不得不停止夜袭①。

以上，我们分析了传统的地理环境因素如地形、天候等对信息化战争作战行动的影响。此外，我们还应该注意到随着战争进入信息化时代，军事地理环境的时空范围也在不断拓展。《孙子兵法》有"善守者，藏于九地之下，善攻者，动于九天之上"的名言。这里的"九天"是指极高的天上，也就是指现代所说的太空，"九地"是指极深的地下，也就是指现代所说的地底、洋底。这句话为后代战争指导者提供了极大的想象空间。现代战争特别是信息化战争，科技的发展使得空间因素对军事行动的制约已经不同于孙武的时代，未来战争正在向外层空间、深海发展，支撑战争的"舞台"已经扩大到全球乃至太空，战争的空间概念和特性正在悄然发生着变化。

就历史发展角度来看，每一次重大军事技术革命，都增加了一个战场领域，如第一次技术浪潮，航海航运技术的发展，特别是指南针用于战船，增加了海战领域。第二次浪潮，工业革命，飞机应用于战场，增加了空战领域。第三次浪潮，即目前迅猛发展的信息技术，增加了电磁战场这个新的战场空间。可以预料，随着宇航技术的发展，战场将向宇宙空间领域发展。也就是说，在军事技术革命的推动下，战争空间由平面到立体，再到"超

---

① 杨飞龙等：《军事地理环境的基本特性及对联合作战的影响》，《军事测绘》2010 年第 1 期。

立体"，由二维空间到三维空间，再到"四维"空间，从"有形"空间到"无形"空间与"有形"空间的重叠，战场范围将空前扩大，不仅涉及交战国的领土、领海和领空，而且将扩展到极地、深海乃至宇宙空间。特别是外层空间（简称太空）已成为一个新的战场，空天四维战场竞争异常激烈，新的军种天军正在形成，未来战争将从外层空间这个第四战场打响，外层空间逐渐成为军事战略新的制高点，谁能掌握制天权，谁就能掌握制空权和制海权，《孙子兵法》中"动于九天之上"的比喻正在成为现实。

在信息化战争中，制空权、制海权、制天权、制信息权这四种控制权不是相互孤立和等量齐观的，它们在战争中所产生的作用具有排列上的逻辑关系和地位上的支配和被支配关系。太空战场将成为战争中新的"制高点"，战争的主动权首先表现为对外层空间的控制权。这是因为，空天战场得天独厚的地理位置在军事上有着极其重要的战略优势和应用价值，谁要是控制了这个"制高点"，就能夺取制天权，继而为夺取战争中的制信息权、制空权和制海权创造了条件。相反，如果失去了这个"制高点"，其他制权就会像多米诺骨牌一样依次倒下。在战略上就会失去优势地位，争夺战争中的其他控制权就将变得十分被动。为此，美军正在着力研发以太空为作战路径的"全球快速常规打击系统"。美军参联会 2012 年制定的《联合作战进入构想》中，提出"跨域联合"概念，强调联合的重点是太空与网络空间等新兴作战领域，各军种的行动均要实现与太空、网络空间的联合。俄军组建空天防御部队，认为网络已经成为可以直接毁伤敌人的强大手段。未来战争可能首先从太空和网络空间的攻防行动开始，抢夺制天权和制网权将成为取得战场综合制权乃至克敌制胜的关键。

囿于陆上战略的空军和海军最终必然失败；空天战场成为有效卫国的天然屏障；海洋成为"以海制陆"的主要阵地。

总而言之，信息化条件下，敌对双方对战场环境因素的占有和利用状况，仍然是形成双方战争力、作战力和决定战争胜负的不可或缺的因素，对抗双方围绕战场综合空间的你争我夺来实现各自的经济、政治、军事目的，要求动态地把握地理空间对战争可能产生的影响，加强对各个战场制权的争夺。战场环境空间拓展到哪里，战略家、指挥员的眼界和关注点就应该拓展到哪里，否则将会付出血的教训甚至是战争失利的代价。

第四节　以火佐攻：因五火之变而应之

孙武所处的时代是冷兵器战争的早期，冶炼技术低下，刀枪剑戟等武器多是铜制，步兵、水兵刚刚兴起，战车主宰战场，在那样低下的装备技术水平下，孙武就敏锐地观察到火的军事应用价值，并且在兵法中专列《火攻》篇进行论述，这是具有前瞻眼光的。

受到技术条件的限制，当时火药和火器还没有发明，在《孙武》成书前也很少有大规模火攻的战争经验。因此孙武所述的火攻主要指的是放火，而且只是简单指出了火攻对象、火攻器具、火攻时日及火攻与内应外合等基本原则与方法。

孙武曰："凡火攻有五：一曰火人，二曰火积，三曰火辎，四曰火库，五曰火队。"（《火攻》）火攻的战法有五种：一是"火人"，即火烧敌人营寨，烧杀敌方兵卒；二是"火积"，即烧毁敌方粮草积蓄；三是"火辎"，即烧毁敌方在车上行军中的器械财货和衣物；四是"火库"，即烧毁敌方在营垒仓库中的器械财货和衣物；五是"火队"，即烧毁敌军的队伍和阵营。在这里，在当时以放火为主的技术条件下，孙武按照对敌方战斗力破坏的大小为放火目标的选择排了个序，即兵卒、粮草、行军中的器械财货和衣物、静止中的器械财货和衣物、行军的队伍。最理想的情况是烧杀营寨中的兵卒，好处有三：一是敌人还未进入战斗状态，防备薄弱，有隙可乘；二是敌军相对集中，能一网打尽，是下手的最好时机；再就是消灭敌人有生力量，能直接达成战争目的。其次是烧毁粮草。人可以不穿衣服，但不能不吃饭。军以粮食为本，饿着肚子打仗战斗力必然下降，而且不能持久。何况粮草通常集中干燥储存，一点就着，烧得彻底，还有助燃效果，有利于火势的扩大。但相比直接烧杀敌军，烧敌粮草在达成战争目的方面就绕了一些。再次是器械财货和衣物，相比粮草而言，不是生存必需品，也非易燃物品，但与作战紧密相关，一旦得手，能在一定程度上削弱敌军。分行进间和静止间两种情况，行进间人困马乏，防备松懈，此时放火可扰乱军心，衰败士气，以此策应正面的攻击行动，对敌影响更大些。最后是行军的队伍，一车起火，旁车躲避，三车起火，队形凌乱，此时发动攻击，容易趁火打劫、乱中取胜。孙武的火攻五术是在当时的历史背景下，按照对敌破坏力大小对放火目标进行的合理的排序，有点类似于现在常讲的"五环理论"。

孙武认为，要实施火攻，必须满足一定的条件，比如安插潜伏于敌营中的内应、干燥的空气、敌营中堆积了易燃物品、敌军在枯草众多的地方安营扎寨，还有把船聚集在一起等，还要准备好引火的器具，如油、松明、火绳等。此外，还要考虑火攻的时机，挑选合适的日子。适合火攻的时机，是指空气干燥的时候。适合火攻的日子，是指起风的时候，按古人天文学的知识，月亮行经在二十八宿中的箕星、壁星、翼星、轸星这四个星宿的日子，通常就是起风之日。

实施火攻时，还必须借助不同的火势，用不同的战法配合它，以达到最佳效果。这里孙武还提出了几条具体原则：火从敌方阵营内部燃烧时，要与之里应外合，迅速出击。火从敌方阵营内部烧起而敌军丝毫不为所动时，要等待情势的变化，不能贸然攻击。火势最旺时，也要根据敌情做出判断，可攻则攻，不可攻则不攻。如果火攻可以从外部实施，那就不必等待潜伏于敌阵中的内应，而应该见机行事，果断实施火攻。如果在上风处实施火攻，那就不能在下风处进行攻击。白天的风不易停下来，晚上的风则很容易停止。在交战中，必须要熟知火攻的五种方法，根据情况而谨慎实施。

在中国古代史上有名的火攻都出现在三国时期，比如官渡之战、赤壁之战、彝陵之战等，所以有人说一部三国史就是一部火攻史。如官渡之战中，曹军就多次利用火攻焚烧对方的运粮车和粮仓，干扰和破坏了敌方后勤物资的运输，极大地削弱了对方的士气，最终取得了官渡之战的胜利，奠定了曹操统一中国北方的基础。赤壁之战中，黄盖也是利用诈降发动火攻，消灭了大量曹军，经此一役，曹操不得不暂时放弃消灭孙吴统一全国的战略意图，三国鼎立的局势由此形成。

火攻是人类对物质能转化为化学能作为杀伤性手段的早期尝试。早在先秦时期，人们就已经开始利用火来辅助作战，列国在战争中使用火攻的记录在《左传》中出现了7次。同时，人们也明白引火烧身的道理，明白火一旦被滥用或者火势过大失去控制，将带来惨重的伤亡和巨大的经济、社会和文化损失。由于火攻必然会给敌军以巨大损害，所以即使用火攻取得胜利，在兵法上也是下策。因为《谋攻》篇中说："凡用兵之法，全国为上，破国次之。"况且由于火攻巨大的附带杀伤和对生产生活的严重破坏，还往往会引起百姓的怨恨。所以孙武还进一步讨论了慎用火攻的问题。他似乎预料到：随着火在战争中的大量使用，战争的烈度和残酷程度将大大增加，所以引发了他对战争初衷的反思。他在《火攻》篇的结尾部分，从慎重使用火攻的角度出发，引申论述了发动战争的战略和伦理问题，警示后人：战争是极其残酷的，将造成将士死丧、人民受难，而且国家兴亡也将命悬一线。就算仗打赢了，也将付出巨大的政治代价和经济代价，极有可能出现得不偿失的结果，那时就会遭殃，因此一定要慎重开战。

当火作为战争工具被人类运用于战争的时候，首次出现了人类无法控制自己所使用的战争工具的现象，人们开始面临被自己发明的战争工具反噬的问题。对于火，这个用好了将带来极大战果，用不好将带来极大灾难的新兴战争工具，孙武是持开放态度的，用《火攻》一篇专题论述，强调要重视运用火攻辅助进攻，以取得战争的胜利，将火在战争中的作用发挥出来。同时由于火攻犹如猛兽出笼，极易失控，因此在运用中还要尽量驾驭它，绝不能滥用。

随着武器装备的进步和战争形态的演变，《火攻》篇中那些关于如何实施火攻的具体原则和方法，指导价值已经不大。值得我们深入思考的是孙武在篇中提出的一个重要的战争哲学命题，就是人与破坏力巨大的新兴战争工具之间，谁主宰谁、谁服务谁的问题。就像孙武不知道火攻在三国时期被广泛运用，不知道人类战争有一天会迈入热兵器时代一样，现在的我们也无法准确预测未来战争的走向，不知道新型热核武器、无人作战系统、人工智能技术、超高音速武器、大规模网络攻击等这些极易失控的新兴战争工具，哪一个将在何时何地在何种程度上重新定义未来战争，又将对人类社会带来什么样的灾难和损失。如何认识和驾驭这些新兴的战争工具呢？这方面兵家始祖孙武为我们做出了榜样，他认真研究火攻方法和制约因素的实事求是的思想态度，提倡将火攻合理运用于作战以取得胜利的开拓创新精神，追求胜利同时又不违背战争初衷的理性思考，不逾越人类道德底线的人文关怀等，都是非常值得我们推崇与学习的。

第五节　因粮于敌：掠于饶野，三军足食

三军未动，粮草先行。要发动一场较大规模的战争，必须先筹划费用、粮秣、物资。在兵法首篇《计》之后，孙武紧接着在第二篇《作战》中专门论述战争与经济的关系问题，阐明战争的胜负依赖于经济（包括财政、物资等条件在内）的强弱。由于当时生产方式还很落后，物资还不充裕，加上交通不便，运输困难，为了减轻补给负担，孙武提出了"因粮于敌"的主张。

他在《作战》篇里写道："善用兵者，役不再籍，粮不三载，取用于国，因粮于敌，故军食可足也。"意思是，善于用兵的人，兵员不征集两次，粮秣不运输三回；兵甲战具自国内取用，粮秣给养就敌国征集，这样军队的粮秣就可以保证足食了。

在这里，孙武主张作战的武器要从国内补充，而军队所需的粮秣可以从敌国获取。这是因为当时各国军队使用的武器装备不同，因此，军队在战争中使用的武器装备必须是平时惯用的、本国制造的。而粮食则不然。一支军队的粮食消耗量极大，在当时交通条件不发达的情况下，如果从国内运输粮秣困难极多。二来

粮食各国都有，就地取用，因粮于敌，免去了长途运输之苦，既减轻了国家的经济负担，又为军事行动争取了宝贵的时间。孙武还算了一笔账：从前方取得敌人的粮食一钟，就抵得上我后方补给二十钟；从前方取得敌人的饲料一石，就等于我后方补给二十石。这可是二十比一的价值比例，可见"因粮于敌"带来的高效益。

"因粮于敌"是孙武在战争实践中总结出的，同时又被战争证明是正确的一条补给原则，颇为历代军事家所重视。农耕文明发展出城市以后，为了备荒、守城，需要建立粮仓，这些粮仓里面囤积的粮食，数量是相当巨大的，足以供养一支大军。蒙古西征的时候，依赖沿途城市供应粮食，先头骑兵部队得以轻装前进，获得了巨大的战略机动能力。如果城市不给粮食，就把它攻占，有许多守备薄弱的据点可以进攻，例如地主、贵族的庄园之类。意大利人曾经发展出一套高明的战争艺术，以运动战的方式夺取敌人的粮仓，迂回敌人的侧翼，迫使敌人撤退，避免血腥的正面决战。到了法国大革命时代，这套战争艺术被法国人扔到九霄云外了，法国军队依靠正面交战，直接抢劫和征收粮草，实施了彻底的"因粮于敌"。因为拿破仑战无不胜，反法联军常常输多赢少。这时候看起来，"因粮于敌"几乎是战争法则了。

虽然"因粮于敌"的补给效率更高，但却不易实现，容易被反制。如果对手重兵保护粮仓，或者采取坚壁清野的措施，就"无粮可因"，此时如果放纵军队肆意掠夺对方百姓，就要背负横征暴敛的骂名，付出政治道义上的代价，激起对方民众的强烈反抗和其他国家的声讨，陷入民众战争的泥潭和外交孤立的不利境地，军队作战也将因此处处受困受阻，造成战争久拖不决的不利形势，最终招致战略上的失败，这样的"因粮于敌"最终将得不偿失。同样是法国，1812年拿破仑远攻俄国，在广阔的俄罗斯原野上继续"因粮于敌"，同时还有兵站运输粮草，一路攻入莫斯科。这时候，后勤补给出问题了，俄国人到处坚壁清野，把村庄付之一炬，拿起武器对抗法国人，"因粮于敌"也得不到什么粮草。而法国人的兵站体系在哥萨克骑兵和自然条件的攻击下，摇摇欲坠，欧洲的马匹不太适应俄国的土地，吃不惯俄国的树叶和杂草，欧洲的大车也不适应俄国糟糕的路况。最后拿破仑只有撤退，虽然莫斯科有足够的房屋，足够的木柴，但没有食物。俄国的反制措施，就是坚壁清野，发动人民实施全面的游击战。法国军队在俄罗斯损失惨重，就是对手反制了法军的"因粮于敌"。

在人类社会的历史长河中，"因粮于敌"确是战争后勤保障的重要方法和手段，但随着战争规模的扩大、战场地域的延伸、战争现代化水平的不断提高，简单地依靠"因粮于敌"的保障方法，已经无法适应现代战争的需求。以我军为例，毛泽东在指导中国革命战争过程中，把取给于敌作为十大军事原则提出，要求我军"以俘获敌人的全部武器和大部人员，补充自己。我军人力物力的来源，主要在前线"。这在当时条件下确实起到了根本的保障作用，武器装备大量来自国民党蒋介石集团，人员补充也部分来自俘获国民党军队人员，粮秣物资既有就地筹措，也有来自缴获。因此，毛泽东曾把蒋介石戏称为"运输大队长"。但到了解放战争后期，随着战争规模的日益扩大，加之敌人日薄西山，物资日益匮乏，取给于敌，已远远不能适应战争形势发展的需要，于是毛泽东号召组织浩浩荡荡的支前大军，支援前线。用陈毅的话说，淮海战役的胜利，是人民群众用小车推出来的。而到了抗美援朝战争时期，我军在异国他乡作战，又面对着现代装备的美国军队，取给于敌已完全不能适应战争的需求。我人民志愿军创造了"打不烂、炸不断"的钢铁运输线,保证了各种作战物资源源不断地运往前线。为此,毛泽东于 1953 年 1 月明确指出:"对于现代的军队,组织良好的后方勤务工作有极其重大的意义。"① 1958 年 6 月指出:"十大军事原则也要根据今后战争的实际情况,加以补充和发展,有的可能要修正。"②

再来看看美军。海湾战争中,美军仅在实施"沙漠军刀"的 3 天地面作战行动中,便耗费了油料 7643 吨,水 169611 吨,各种物资材料 1100 吨。这么大的消耗量,是无法依靠"因粮于敌"来完成的,必须立足于后方保障。为了保障部队行动所需,美军征用了 2132 艘大型运输船,征用 1.4 万架次民航飞机。尽管如此,美军也不得不承认,在战争结束日,有很多种类的物资只敷数日之需,如战争继续打下去,就有可能难以为继了。可见,现代局部战争快节奏、高消耗的特点,大大限制了"因粮于敌"的运筹空间,必须建立充分而可靠的后勤保障体系,如前方的军事基地、大型运输装备以及完善的战争经济、交通动员制度等,为作战提供充足而又源源不断的辎重、粮秣、委积保证。

孙武提出"因粮于敌"的问题,其出发点是解决军队远征作战中的补给问题,其思想方法是"取之于敌、用之于敌"。虽然"因粮于敌"在现代战争中的可行性和重要性已经下降了,但这一思想背后所体现的"攻其所必需,则效益倍增"的军事指导原则和"拿来主义"的战略利益观仍然有巨大的指导价值。照此看来,现代意义上的"因粮于敌"有了新的表现。

一是在战争中运用非线式、非接触手段,如空袭、精确制导

————————

① 中共中央文献研究室编《建国以来重要文献选编》第 4 册,中央文献出版社,1993,第 12 页。

② 《毛泽东军事文集》第 6 卷,军事科学出版社,1993,第 375 页。

打击等，首先切断敌人的后方补给供应，如食品、水源生产设施、后勤补给基地、交通线等，让对方军民饿着肚子，打击其民心士气，加速其战斗力崩溃。

二是现代意义上的"因粮于敌"更多地表现为"因粮于友"。盟友对战争的支持已成为军事强国全球战略的重要组成部分。美军在科索沃战争中，从盟友那里获取了包括战争经费在内的大量支持，伊拉克战争也不例外。而在阿富汗战争中，日本海军则担负了后勤保障的主要角色。这种依靠战略联盟，就近就便提供补给以提高保障效益的思想，是对"因粮于敌"思想的新发展。当代战争地域的广泛化、利益的一体化，催生了庞大的战争后方，战争双方对后勤战场无形间的争夺，已超出了人们的想象。

第六节　化敌为友：卒善而养之，胜敌而益强

在《作战》篇中，孙武提出了"车杂而乘之，卒善而养之，是谓胜敌而益强"，这是一种化敌为友，为我所用的思想。"车杂而乘之"，是说把投降的敌卒夹杂在我军士卒中间；"卒善而养之"，是指对俘虏来的敌方兵卒，要用和善的态度看待而供养他；"是谓胜敌而益强"，这样，打了胜仗，虽有伤亡，而我军却更加强大。这三句话放到一起理解，就是要把俘虏编入己方的军队，为我所用，善待俘虏的目的是让他们真心归附，成为己方的战斗力量，只有这样，才能通过战胜敌人而增强自己的实力。

《孙子兵法》之前，屠杀活埋俘虏是常见的事，因为当时还不会使用俘虏。而《孙子兵法》能提出"卒善而养之"，实是难能可贵的主张，也是当时社会进步的一种表现。

把这一思想运用于军事斗争实践，常常能起到削弱敌方战斗意志和战斗力，分化瓦解敌军，壮大自己的作用。俘虏了大量敌人，如何为我所用？关键要在"善"上做文章，给予其人格上的尊重以及物质待遇上的保障，这样才有可能争取他们加入我方阵营。对军人个体来说，当他有机会在生与死之间做出选择时，如果不是因为意志坚定或是被逼无奈，他源自动物本能的反应就是求生，这就是人性的弱点。毕竟求生是动物的本能，军人也不例外。当敌方军队得知在胜利无望的情况下，选择投降不但能保命而且待遇还不错，一定能起到涣散其斗志、瓦解战斗力的效果。相反，如果俘虏得不到善待，即使强迫他们加入己方军队，也不可能英勇作战，甚至可能在关键时刻反水，反而会弄巧成拙。而且敌方官兵知道我方虐待俘虏，就可能拒绝投降，拼死抵抗，这对我方是极为不利的。

所以，"卒善而养之"的思想体现了孙武军事斗争结合政治斗争、心理斗争，化敌对因素为我方有利因素的军事辩证思维，对历代的政治军事斗争都具有一定的借鉴意义。唐代李世民成功地运用羁縻之策，使很多从前相互为敌的少数民族将领，最后都成了唐军的左膀右臂，其根本原因在于他"华夷一家"的思想。他认为，少数民族与中原汉人的差别仅仅在于地域的不同，如果把他们当做自己的臣民看待，他们与汉人之间就无本质区别了。所以，李世民不但征服四方夷狄，建立华族开国皇帝空前之最大战功，而且受到各少数民族的推崇，被尊为"天可汗"。元末朱元璋起兵之初，就申明军纪，严禁杀掠。鄱阳湖之战中，陈友谅军号称60万，朱元璋军20万，朱元璋兵力不敌，赖将士死战胜负大致相当。最后陈友谅军败，收拢余部自保，不敢出战，杀俘虏泄愤。朱元璋得报后，却给俘虏医治伤病，释放回去，又下令捕获敌军不得杀害。这样一来，陈友谅军心懈散。两军相持十五日，陈友谅冒死突围，中箭身亡。朱元璋北伐时曾对部下说："我听说诸将克城不妄杀人，非常喜欢，武将能知不杀人，自然民心归附，愿意弃敌来归，你们牢记我这些话，自然大功可成。"朱元璋军队军纪严明，打仗不焚掠杀戮，善于招揽民心，这是他能统一天下的重要原因。

"宽待俘虏，瓦解敌军"是战胜敌人的重要武器，也是我军的优良传统。毛泽东指出："我们的胜利不但是依靠我军的作战，而且依靠敌军的瓦解。"①

早在建军初期，我军就确立了"三大纪律、六项注意"，"不虐待俘虏"作为其中一项重要纪律，早已在部队中深入人心，得到严格执行。

土地革命战争时期，红军在军事打击敌人的同时，积极开展群众性的政治攻势，宣传和执行我军官兵平等、优待俘虏等政策，从而有效地瓦解了敌军。从1931年1月至1933年10月，我军共歼敌51万余人，而其中俘虏就将近20万人，那时"红军像一个火炉，俘虏兵过来马上就熔化了"。

抗日战争时期，我军积极开展对日伪军的瓦解工作，充分利用日军官兵同日本统治阶级的矛盾，揭露日本法西斯发动侵华战争的罪恶目的，从而使不少日军下级军官和士兵主动向我投降。对伪军也开展了各种形式的大规模的瓦解工作。全面抗战八年，在我军歼灭的171万日伪军中，起义、投诚的人员和俘虏就达70多万。1944年，经毛泽东等人修改的谭政的《关于军队政治工作问题》报告中，用革命的"霸道"和革命的"王道"做比喻，

---

① 《毛泽东军事文集》第2卷，军事科学出版社，1993，第105页。

对我军的俘虏政策做了全面而深刻的论述。所谓革命的"霸道",就是在战斗时,集中一切力量去压倒敌人,迫使敌人投降,如果敌人不投降,那就应坚决地歼灭他们,或俘虏他们,这就是我们军队一往无前、杀敌报国的革命精神;所谓革命的"王道",是在战斗结束后,对待俘虏要转变为说服态度,从思想教育上、物质待遇上、政治态度上争取他们,借以瓦解敌人的队伍。把革命的"霸道"用于对待俘虏,那是不对的。我们的历史传统是分别而又同时坚持这两种态度。

在解放战争中,我军坚决执行党的俘虏政策,加强溶化俘虏工作,并进而总结出一整套"即俘、即补、即打(参加战斗)"的溶俘经验,因而不仅在瓦解敌军方面取得极大成效,而且争取了大批原蒋军士兵参加我军,成为我军兵员的重要来源之一。1946年11月14日,中共中央在《对俘虏工作的指示》(以下简称《指示》)中指出:"对俘虏释放或留用,应权衡利害,灵活运用,应以积极争取为主。"《指示》规定:对团营级军官,要争取部分为我使用;对连排级军官,经短期训练后,除可留用者外,大部即时释放;对士兵,应大部争取补充我军。所以,从我军创立到解放战争结束,俘虏的敌军成为我军兵员的重要来源之一。三年多的解放战争,国民党军队起义、投诚和接受和平改编的高达170多万人,俘虏则多达450多万人。在华东野战军中,一些部队的投诚战士已经达到一半以上,技术兵种基本上都是投诚过来的。不仅仅是人投诚了,还带着手上的武器装备。三年时间我军共缴获接收火炮5.4万门、机枪31.9万挺、长短枪316万余支、海军舰艇74艘,当时我军的宣传将国民党军队比作"运输队"。平津战役中,北京能够完整地保存下来,堪称奇迹。当时,以傅作义为首的55万国民党军队盘踞京津地区。如果硬打,只能是城毁人亡，其后果不堪设想。毛泽东高瞻远瞩，一方面在军事上兵临城下，以造成大军压境之势；另一方面开辟第二条战线，进行政治瓦解。最后迫使傅作义55万大军接受了和平改编，我军实力更加充实。

抗美援朝战争及以后我军进行的几次边境自卫还击作战，都根据新的作战对象、作战条件，进行了有效的善待俘虏、瓦解敌军的工作。不但取得了作战的胜利，而且扩大了我军在世界上的影响。抗美援朝战争是我军经历过的一场比较现代化的局部战争，我们转化俘虏的主要对象是韩国部队，经教育改造后补入朝鲜人民军。转化俘虏的工作对美军则比较困难，想直接为我所用就更困难。在未来局部战争中，不管我们的作战对象是谁，俘虏敌军后直接为我所用的可能性已经很小，宽待俘虏的功能主要体现在瓦解敌军，即涣散敌人的斗志、影响其士气，以及获得敌方情报等方面。

如今，对战俘问题的处理，国际社会也有了专门的法律规范。1949年通过的《关于战俘待遇的日内瓦公约》（日内瓦第三公约），详细规定了战俘身份的认定以及保护战俘和给予战俘待遇的原则和规则，其要义可以概括为两点：其一，战俘是处于敌国国家权力之下的俘虏，不能由俘获战俘的个人或军事单位任意处置；其二，战俘应当依据国际法的具体规定得到人道待遇。日内瓦第三公约的形成是人类文明史上的一件大事。从古代社会对被俘者的肆意残杀处置到近代战俘地位和待遇观念的初步形成，再到现代通过国际公约的形式对战俘待遇进行系统规范，战俘待遇规则艰难的历史发展进程反映出人类战争观念的变革、社会文明的进步和人道主义精神的日益普及。它向全人类传达出这样一个简明并具有规范内容的观念：即使在战争中有些事情也是不被允许的，人类在战争中使用暴力应当受到限制。迄今，全世界190多个国家和地区都加入了日内瓦第三公约，超过了联合国会员国的数量。因此，公约所确立的战俘待遇规则具有普遍约束力。

时至今日，孙武提出的"车杂而乘之，卒善而养之，是谓胜敌而益强"有了新的内涵：首先，"卒善而养之"，保护战俘和给予战俘待遇已成为国际法规定的责任和义务。其次，能否"车杂而乘之"，则需要具体问题具体分析，看是否具备为我所用的条件，俘虏敌人后直接转化为我方力量比较困难。最后，"胜敌而益强"的目标没有变，体现在两个方面，一是优待俘虏可以破坏敌军的团结，造成敌人意志的涣散和战斗力的瓦解；二是可以利用战俘问题做文章，运用舆论战、法律战等武器打击敌方，争取政治上和道义上的优势，并把这些优势转化为军事上的胜利。

兵法点评

战争从来不仅是两军摆开阵仗、接兵交战这样简单，这样的战争只能被称为"打群架"。时至今日，战争已发展成为一个复杂巨系统，这个复杂巨系统以军人、武器装备以及军事信息为核心，包括战场环境、后勤和装备保障能力、政治外交影响力、科学技术发展水平等因素，都是这个复杂巨系统的组成部分，各个要素动态变化、互相作用，经常发生牵一发而动全局的蝴蝶效应。哥德尔不完备性定理告诉我们，在任何一个系统内部不能解决所有问题，必然要放到外部更大的系统去解决。正如同没人能抓着头发提起自己一样①。《孙子兵法》正是跳出了"谈兵论将""战胜攻取"这些传统兵法内容的局限,站在举全国之力而争胜的角度,创造性地提出了使用间谍以干扰敌人、缔结联盟以孤立敌人、通晓天地以制约敌人、以火助攻以重创敌人、因粮于敌以削弱敌人、宽待俘虏以瓦解敌人等思想,通过借助外力的作用来增加战争的胜算。这与我们今天所说的战争中的情报战、外交战、气象战、科技战、金融战等本质上是一个道理,就是突破对战争系统的认识禁锢,调动所有可能利用的因素,协调一致为赢得战争服务。

外部因素的不断加入使战争变得越来越复杂,却也为战争指导提供了新鲜的思路。如今许多耳熟能详的战争概念就是在原本的战争系统中融入更多相关因素的思路下诞生的,如联合作战、超限战、混合战争、多域战等。许多外部因素仍然在不断加入战争系统中,比如军事智能化技术的兴起,未来很可能上升为战争中的关键因素,甚至主导战争形态发生深刻演变。未来经济、舆论、网络、政治、文化、宗教、地缘、民族、环境等方方面面,万物皆可为武器,战场无处不在,战争无处不在。我们要善于像孙武这样跳出战争看战争,站在更宏观、更前瞻的视角,对可能应用于战争的新思路、新方式、新手段等进行认真考察,大胆引进那些看似处于战争系统之外的关键因素来解决军事系统内部无法解决的问题,从而推动战争系统向更完善、更先进的方向不断进化,这是非常高明的,值得我们认真借鉴。

---

① 胡晓峰:《战争科学论——认识和理解战争的科学基础与思维方法》,科学出版社,2018。

第五章

文武兼施的治军之道

对部队的组织指挥能力及管理教育能力既是军队指挥员必备的素质之一，同时也是军队产生战斗力的重要因素之一。在组织指挥及管理教育上，孙武以开拓者的姿态创立了以"智信仁勇严"为标准任用将帅、以"令之以文，齐之以武"为方法教养军队和以"焚舟破釜，登高去梯"为手段率兵打仗的"三位一体"的治军理论。具体地说，就是以选拔任用将帅为关键做好人力资源工作，实施正确有力的组织领导；把教育、管理、训练和战斗有机结合起来，通过人文关怀、严明军纪、严格训练等手段提高部队的凝聚力和战斗力；在作战中有效调动各种因素，激发士兵战斗精神等。今天，孙武的治军理论依然具有较强的指导意义。

第一节　任用将帅：智信仁勇严

孙武在《计》篇中提到的"五事"，即道、天、地、将、法；"七计"，即"主孰有道？将孰有能？天地孰得？法令孰行？兵众孰强？士卒孰练？赏罚孰明？"其中都提到了"将"的因素，这体现了军事人才观在孙武兵学思想体系中的重要地位。

"将"在治军中具有无可替代的作用。决定战争胜败的因素是多方面的，战争的性质、交战双方的综合国力、交战双方军事实力的对比等都是至关重要的因素。然而，军事将领的作用是无可替代的。正如孙武《谋攻》篇中所说："将者，国之辅也。辅周则国必强，辅隙则国必弱。"就是说将领是国家的辅佐。辅佐周密，国家就会强盛，辅佐不周密，国家就会衰弱。在《作战》篇中，他还进一步强调了将帅的作用和地位，指出"故知兵之将，生民之司命，国家安危之主也"。意思是，熟知战争规律的将领主宰着百姓的生命、国家的安危。

秦始皇嬴政伐灭六国，手下有王翦、王贲父子，蒙恬、蒙毅兄弟等名将辅佐；汉高祖刘邦出身农家，能击败项羽，统一天下，手下有萧何、张良、韩信、樊哙等名臣良将鼎力相助，汉武帝刘彻马踏匈奴、威服西域，建立前所未有之中华版图，手下有卫青、霍去病、李广等名将统帅三军；唐太宗李世民对外开疆拓土，征服夷狄，被尊为"天可汗"，有秦琼、尉迟恭、李靖、徐世勣等名将南征北战；明太祖朱元璋从红巾军起兵，20余年间南征北战，最后完成统一，麾下有徐达、常遇春等名将挂帅出征，这些都是铁证。相反，一支军队，没有杰出的将领，就难以形成强大的战斗力，就难以创造彪炳史册之功业与辉煌之战果。一个国家，没有杰出的将领，国防就难以巩固，国家就难以强大。

将领在国家、军队中扮演着一个极为重要的角色。那么，什么样的将领才能适合于战争的需要呢？孙武在《计》篇中提出了"将者，智、信、仁、勇、严也"。这里，智是指将领才智过人，信是指将领忠诚守信，仁是指将领爱兵抚民，勇是指将领勇敢果断，严是指将领执法严明。后人将孙武归纳的这五点称之为"将之五德"，五德兼备方能称为堪当大任的名将。克劳塞维茨也说，军事天才是各种精神力量的和谐的结合。所以，五德应尽量全面发展，而不能有明显缺陷。

（1）智。孙武将其列为五德之首。战争与其说是两军实力的较量，不如说是两军将领智谋的较量。俗话说，将帅无谋，累死三军。将帅思想上的落伍，战略上的失误，应变上的迟钝，将直接导致军事上的失败。以下举几个反例。

首先是思想上的落伍。第二次世界大战前担任法军总司令的甘莫林，思想保守而古板，对当时新兴的坦克部队和空地协同战术非常抵触，坚持以一战的方式来打二战，认为德军不可能逾越马其诺防线，结果德军主力绕过马其诺防线，从阿登高地突破，法国一个多月即告亡国，教训十分深刻。这是因为将领的军事思想落后于时代了。

其次是战略上的失误。还是二战期间，日本联合舰队司令山本五十六，明知道日本的工业实力根本无法与美国抗衡，却妄图先发制人，偷袭美国太平洋舰队基地珍珠港。这一方案一经提出就在上层引起质疑，他的回答竟是：日本武运亨通，能得到"天佑"，因此一定成功。这一愚蠢而鲁莽的行动结果是在次要方向上给自己树立了一个强大敌人。战略上犯下的错误是无数次战斗的胜利也难以挽回的。美国宣布参战后在太平洋击败了日本联合舰队，成为二战的重要转折点。就在战争胜利前夕，美国人为了报复日本，还在日本本土投下了两颗原子弹，造成惨重的平民伤亡，让日本人率先尝到工业革命的最新成果，也品尝到军队将领任性妄为的苦果。

最后是应变上的迟钝。一战初期法国陆军司令霞飞，人称"迟钝"将军，一贯保守的他战前在德法边境部署重兵，德国却走了一步险棋，从德比边境突破沿着英吉利海峡兜击法国，霞飞因为反应慢，没有及时地调整战略部署，结果只能眼睁睁看着边境失守，德国人一路所向披靡杀奔巴黎。要不是加利埃尼看到德第1集团军旋转战线、暴露翼侧的战机，反复催促霞飞批准发动反击，"迟钝"的霞飞还在命令部队后撤，巴黎很可能在一战时就已经沦陷。诸葛亮曾经说过："夫以愚克智，逆也；以智克愚，顺也。"这是对将帅智谋重要性的精妙注解。

（2）信。俗话说，诚信为做人根本。将帅受命领兵出征，远赴千里之外，君命有所不受。军机要事，全靠将帅视情定夺。因此要求他：对上能忠诚于国家，依全局利弊定战守之策，进不求名，退不避罪，能为国家赴汤蹈火，舍生取义；对下能信守承诺，说到做到，赏罚有信，诚实不欺。

1812年，拿破仑率60万大军远征俄国，在莫斯科城下的博罗季诺会战中，法军没有达到消灭俄军主力的目的，俄军也没有守住博罗季诺。面对莫斯科失陷的严峻形势，俄军总司令库图佐夫认为必须保护军队有生力量，充分动员民众，才能在今后的反击中战胜法军。他顶住来自部下和国内的巨大压力，牺牲个人名誉，做出放弃名城莫斯科的关键决定。事实证明，这个决定是正确的。法军进入了莫斯科，却不知道怎么继续，与严寒痛苦搏斗2个月，不得不放弃莫斯科，灰溜溜撤回法国。关键时刻，库图佐夫胸中装着全局，头脑清醒，不惜牺牲个人名誉，忠诚于国家和人民，成为载入史册的英雄。正如孙武所谓："进不求名，退不避罪，唯人是保，而利合于主，国之宝也"（《地形》）

再举一个反例。在有"春秋第一战"之称的吴楚柏举之战中，吴军千里突袭楚国腹地，楚军将领沈尹戍与令尹囊瓦商议，先以囊瓦所率主力牵制吴军，自己赴北方调兵，然后合力夹击吴军。沈尹戍刚走，囊瓦为独揽战功，违背与沈尹戍商定的夹击吴军之谋，擅自率兵出击，结果连续失利受挫。追至柏举被吴军打败后，更是直接弃军逃跑。囊瓦连续两次严重的失信行为，给楚军造成毁灭性打击。楚国此战败后，国都郢被吴军攻克，楚昭王坐船西逃，楚国春秋霸主的威风荡然无存。国家大柄，莫重于兵。将帅手握重兵，诚信更加重要。对上忠诚如何，对下守信如何，不临窘迫、艰险、生死考验不易辨别。多少亡国之将嘴上真忠诚，行为真狡诈，做的是欺上瞒下的两面人。只有经历战火检验，在危险与艰难面前仍能笃守诚信，才算是真正具备了这一珍贵的品质。

（3）仁。字面意思是仁慈，本质是爱兵恤民问题。首先是爱兵。明代抗倭名将戚继光认为："主将常察士卒饥、饱、劳、逸之情。使之依如父母，则和气生。气和则心齐，兵虽百万，指呼如一人。"许多有名的统帅，都是爱兵的模范。战国初期，魏国大将吴起，人称"常胜将军"，既是名将，也是著名的军事理论家，著有被武经七书收录的《吴子兵法》。历史上，就流传着吴起为一名军人用嘴吸脓的故事。一次，一名老兵的背上长了一个很大的脓疮，疼痛难忍。吴起见到后，立马让老兵趴下，自己蹲下来，伏在老兵的背上，用嘴把这名老兵背上的脓给吸了出来。以后连续几天都是这样，最后老兵的疮好了。老兵非常感动，在战场上拼死作战，因为在他看来，自己的命是吴将军给的，不奋勇杀敌，就对不起将军，直到最后战死沙场。临死前，还嘱咐妻子把儿子送到部队，继续为吴将军效命。

吴起能为士兵吸又脏又臭的脓疮，说明他爱兵极深。军官对士兵的关爱，对于士兵来说，是对自己生命价值的尊重；士兵对军官的回报，就是在战场上奋勇杀敌。正如孙武所言："视卒如婴儿，故可与之赴深溪；视卒如爱子，故可与之俱死。"这就是关爱士兵的效用。

　　大概"猛将必发于卒伍",知道自己当年的困苦,因此对士兵怀有大爱。而在那些高高在上、颐指气使的庸将看来,士兵不过是自己加官晋爵的工具罢了。唐朝河西节度使杨志烈率领河西军与吐蕃叛军交战,当河西军伤亡过半回到凉州时,杨志烈说:"此行有安京室之功,卒死何伤!""此战功大,死些士卒算得了什么!"这种蔑视战士生命的话,深深刺伤了部队的心,引起士卒强烈反感。不久,吐蕃军队兵临城下,自尊心受到伤害的士卒不愿意再去杀敌。杨志烈不得不放弃凉州,只身出逃,最终落得个"被劫杀"的下场。

　　将领的"仁"还表现为体恤百姓。兵民乃胜利之本。战争是人类社会最具破坏力的行为,伴随战争的,常常是生灵涂炭、百业凋敝。战火烧到哪里,哪里的百姓生命安全就受到威胁,生产生活就会受到严重干扰。军民关系形如鱼水,鱼须臾不能离开水,军一刻也离不开民。如果军民关系紧张,就好比鱼离开了水不能存活,军队打仗就会受到重重阻力。因此将领必须想办法得到老百姓的支持,这就要体恤百姓。在我军革命时期,这种体恤表现得极为生动具体。1927年10月23日,工农革命军在毛泽东率领下抵达荆竹山,王佐派侦探队长朱持柳前往迎接。由于战士们长途跋涉,饥饿难忍,刨了老百姓的红薯吃,违反了群众纪律。毛泽东得知情况后,于次日在荆竹山雷打石上召开大会。要求部队官兵严格遵守群众纪律,和山上的王佐部队搞好关系,做好群众工作,同时提出了人民军队最早的三项纪律。①

　　当时提到的三项纪律分别是:

---

　　① 李小三主编《井冈山革命根据地和中央苏区大事纪实》,江西人民出版社,2010。

第一，行动听指挥；

第二，不拿工人农民一点东西；

第三，打土豪要归公。

这三项纪律的提出是我军纪律建设的源头。分别抓住了军队内部关系、军民关系、敌我关系的关键问题做出规定，极具针对性，而且既通俗易懂，又方便执行，反映了毛主席高超的建军策略。其中第二条，不拿工人农民一点东西，反映了将帅体恤百姓的"仁德"，这背后是对军民鱼水关系的深刻洞察，是一种大智慧。

1928 年夏天，又提出了六项注意，分别是：

一、捆铺草；

二、上门板；

三、买卖公平；

四、言语和气；

五、借东西要还；

六、损坏要赔偿，不准乱翻东西。

以上六条，全是针对军民关系提出的。这三项纪律六项注意经过不断发展，后来成为著名的"三大纪律八项注意"，同样多是规范军民关系。"三大纪律八项注意"的贯彻执行，成为毛主席领导的人民军队受到百姓欢迎、拥护和支持的重要原因。

俗话说，鱼和熊掌不可兼得。可以想见，在革命极为困难的时期，对"兵"之仁和对"民"之仁也可能有发生矛盾的时候，孰重孰轻，如何取舍呢？

我军的根本宗旨是全心全意为人民服务。因此在纪律设计上，当对"兵"之仁和对"民"之仁发生矛盾时，以牺牲军人利益在先，以维护百姓利益为重；在纪律执行上，严格贯彻各项纪律规定，特别是军民纪律，执法如山，不徇私情。爱兵之仁更多出于"义"，事关名誉和胜负，恤民之仁则更多出于"道"，关乎理想和大局。

（4）勇。即勇敢，说的是指挥员的胆识，而不单单是胆量。约米尼说："一个将才的最重要条件，永远是下列两条：一、精神上的勇敢，能够负责作重大的决定。二、物质上的勇敢，不怕任何危险。"对于下级军官而言，能不畏炮火冲锋陷阵就算是勇敢者。高级将领的勇气则主要表现在精神方面，如敢于承担做出关乎全军胜利或失败的决策的责任。关于"指挥员的胆量"，克劳塞维茨的《战争论》中有一段经典论述，他说：指挥官的职位越高，智力、理解力和认识力在他的活动中就越起主导作用，胆量这种感情力量就越被推到次要位置。因此在身居最高职位的人中间，胆量是很少见的，正因为这样，这些人身上的胆量就更值得称赞。有卓越智力作指导的胆量是英雄的标志，这种胆量的表现，不是敢于违反事物的性质和粗暴地违背盖然性的规律，而是在决策时对天才（即准确的判断）迅速而不假思索地做出的较高的决定予以有力的支持。

土地革命时期，在中央根据地第三次反"围剿"中，毛泽东指挥陷入敌人合击圈的红军"钻牛角尖"，从两支敌军极狭窄的接合部钻了出去。当时若被敌军发现，后果肯定不堪设想，而要久留于合击圈内也只能坐以待毙。在这种情况下行动就是大勇。第二次世界大战诺曼底登陆前，天气十分恶劣，气象专家预报可能出现 36 小时的好天气时，艾森豪威尔面临的态势相当严峻，如果放弃这一机会，就将失掉有利的潮汐，对以后作战大大不利；但若强行登陆，万一天气突然变坏，将会使首批进攻的部队成为德军反攻的牺牲品。千钧系于一发之际，一向以谨慎著称的艾森豪威尔下达了6月6日为"D日"的进攻令。这一次决策同样体现了艾森豪威尔作为高级将领所应有的勇气。

（5）严。即"军纪严明"。没有规矩，不成方圆。任何组织都必须制定相应的管理章程，建立起正常的秩序。军队更是如此。俗话说：慈不掌兵。军队是组织严密的集团，有令则行，有禁则止，是军队的基本特征。所以将领治军，必须严肃执纪，铁面问责，使自己成为纪律与秩序的化身。流传了两千多年的"吴宫教战"的故事，就是孙武严明军纪的典型事例。《尉缭子》有言："卒畏将甚于敌者胜，卒畏敌甚于将者败。"这句话讲得深刻。试想，在平时枯燥劳累的训练中，如果偷懒者得不到批评，谁还训练？在细致严格的军事化管理中，如果违纪者得不到处理，谁还服管？在战时的枪林弹雨中冲锋陷阵时，如果叛逃者得不到严惩，谁还打仗？

西汉著名的将军李广在与匈奴的作战中，曾立下汗马功劳。有很多赞美李广的诗句，如"但使龙城飞将在，不叫胡马度阴山"就是其中的代表。但李广的结局却出人意料，他以自杀而终结了自己的军旅生涯。他在反击匈奴的战役中，跟随大将军卫青出征。他所担负的任务是战略迂回。但李广率军进入大漠后却迷了路，最后卫青率军打了胜仗返回时，才遇见了李广部。李广认为自己已年过六十，与匈奴作战七十多次，今不愿面对年轻的审问官，讲述迷失方向的缘由，便自杀而终。这一悲剧的结局，人们自然对其深感惋惜，但究其原因，问题还是出在李广的治军上。司马迁对李广评价道："宽缓不苛，士以此爱乐为用。"李广"饮食与士共之。终广之身，为二千石四十余年，家无余财，终不言家产事"。① 一个俸禄在二千石的高官，其收入相当不错，四十多年家无长物，家财都与士卒同享了。这种廉洁之名与爱士之心，也正是士卒乐为其用的根本原因。但宋代司马光却说："言治众而不用法，无不凶也。李广之将，使人人自便。以广之材，如此焉可也，然不可以为法。""效李广，鲜不覆亡哉。"② 人人自便，是李广治军的致命弱点。如果这一点在小的作战行动中还不能显现其严重后果的话，那么在大的军事行动中，这种弱点就暴露无遗了。明代黄淳耀对这一点的分析更为深刻："以百骑御匈奴数千骑，射杀其将，解鞍纵卧，此固裨将之器也。若夫堂堂固阵，正正之旗，进如风雨，退如山岳，广岂足以乎此哉？"总体而言，李广属于将才，而非帅才。个人武功，他人无法比拟，但若打堂堂之阵的大战役，其部队的整体协调性，包括远程奔袭的能力，对于平时就不注重严格纪律的部队来说，是难以达到的。李广的悲剧，尽管有很多原因，但在治军上"人人自便"的做法，不能不说是一个重大失误。

以上是孙武军事人才观的"五德"，即智、信、仁、勇、严。蔡锷说：司令官之军队也，犹舟行之有罗针，夜行之有明灯也。在军队中，将领是核心，是主心骨。只有那些杰出的将领，才能真正锻造出具有强大战斗力的部队来。这是从正能量角度讲将领的人才标准。另外，"兵熊熊一个，将熊熊一窝"，孙武还从"负面清单"角度看人才标准，提出了"五危"，即孙武认为一位优秀将领不应该有的负面情绪、心理、思想等等。"故将有五危：必死可杀，必生可虏，忿速可侮，廉洁可辱，爱民可烦。"（《九变》）这里的"五危"，讲的就是死心眼儿、性格偏执、钻

① 《史记·李将军列传》，中华书局，2014。
② 《资治通鉴》卷十七，中华书局，2011。

牛角尖、不晓利害之变等。孔子认为人有四大毛病，一定要彻底克服——"毋意、毋必、毋固、毋我"（《论语·子罕》）。悬空乱揣测、绝对偏执、拘泥固执和唯我独尊，这些都是人的负面心理与情绪。普通人还要修身养性，是指挥员就更要练就金刚不坏之"神"，不为这些负面心理与情绪所左右，否则就会露出破绽，给敌人以可乘之机。

第二节　教养军队：令之以文，齐之以武

对部队的组织指挥能力及管理教育能力既是军队指挥员必备的素质之一，同时也是部队产生战斗力的重要因素之一。在组织指挥及管理教育上，孙武以开拓者的姿态创立了以"令之以文，齐之以武"为核心的治军理论。简单来说，就是要用怀柔宽仁的手段来爱护士兵，使他们思想统一，这样他们才能听你的；同时用军纪军法的手段来训练士兵，使他们整齐一致，这样他们才能学会打仗。这两手并用教养出来的军队就是必胜之军。这一文德与刑威并用的治军原则可以理解为赏与罚、教育与纪律、爱抚与严刑等软硬两手，借助坚强的政治思想教育和严格的军事纪律来增强部队的凝聚力。

文，是令士卒信任的重要手段，孙武将其聚焦于"爱"："视卒如婴儿，故可与之赴深溪；视卒如爱子，故可与之俱死。"（《地形》）对待士兵像对婴儿，士兵就可以跟他共赴患难；对待士兵像对爱子，士兵就可以跟他同生共死。《武经七书》之一《黄石公三略》讲到良将与士卒同滋味的故事。一次有人向将军馈赠了一瓶酒，他让人将酒倒进河中，与士卒同饮河水。虽说一瓶酒不能使一河之水变味，但三军的将士却能因此而愿意死战，

因为他们已感受到将帅关爱的滋味。红军自三湾改编后，毛泽东提出了废除军阀作风，实行军队内部的民主制度，规定官长不许打骂士兵，废除肉刑和烦琐的礼节，经济公开，官兵待遇平等，在连以上各级建立了士兵委员会，规定士兵有充分发表意见的权利。在实行官兵一致的新型关系后，毛泽东、朱德也和战士一样，吃红米饭，喝南瓜汤，与战士同甘共苦、生活战斗在一起。当时在红军中传颂的毛委员的"一根灯芯"和"朱德的扁担"的故事。在延安时期，毛泽东和边区人民一样住土窑洞，和战士一样吃小米、黑豆、野菜。那时，他只有一条旧的毛巾，又洗脸，又擦脚，身边工作人员要给他领一条新的洗脸用，毛泽东同志说，我领一条新毛巾，好像不值几个钱，但如果我们的干部战士每人节约一条毛巾，这笔钱就够打一个沙家店战役了。由此可见，无论是古代还是今天，爱战士、严于律己的将帅作风，始终是军队战斗力的重要来源。

在"文"治方面，孙武除了强调厚赏与厚爱，还非常注意启发将士们在政治上的自觉性。这种政治上的自觉性，其目的是要"令民与上同意也"（《计》），要"上下同欲"（《谋攻》），这样才能"齐勇若一"，这便是"政之道也"（《九地》）。我军战斗力的重要来源之一，就是把政治工作摆在生命线的重要地位，真正做到官兵一致，军民一致。1928 年，毛泽东在《井冈山的斗争》这篇报告中，讲到政治工作的重要性："经过政治教育，红军士兵都有了觉悟，都有了分配土地、建立政权和武装工农等项常识，都知道是为了自己和工农阶级而作战。因此，他们能在艰苦的斗争中不出怨言。"[①] 1944 年毛主席在修改谭政《关于军队

---

① 毛泽东：《井冈山的斗争》，人民出版社，1965，第 9 页。

政治工作问题》报告时，添加了这样一段极富洞见的话："中国共产党从它参加与领导中国民族民主革命以来，从它参与领导为这个民族民主革命而战的革命军队以来，就创设了并发展了军队中的革命的政治工作。这种政治工作的基本原则，是以民族民主革命的纲领教育群众，是以人民军队的精神教育军队，使革命军队内部趋于一致，使革命军队与革命人民、革命政府趋于一致，使革命军队完全服从革命政党的政治领导，提高军队的战斗力，并进行瓦解敌军、协和友军的工作，达到团结自己，战胜敌人，解放民族，解放人民的目的，这就是我们的军队和其他军队的原则区别。我们说，共产党领导的革命的政治工作是革命军队的生命线，就是指的这个意思。"① 几十年后的 1964 年，毛泽东在会见外宾时，依然自信地告诉外宾这样一条经验："革命单搞军事不行。单有军队，单会打仗是不行的。只有会做政治工作的人才会打仗，不懂政治的人就不会打仗。"②

武，是提高部队战斗力的重要途径，孙武将其聚焦于"严"。关于严明军纪的问题，在上一节为将"五德"之"严"中专门进行了论述。

在孙武治军理论中，孙武提倡的是"文""武"并用，恩威并施。他写道："卒未亲附而罚之，则不服，不服则难用也；卒已亲附而罚不行，则不可用也。"（《行军》）就是说士卒还没有亲近依附就执行惩罚，那么他们就会不服，不服就很难使用。士卒已经亲近依附，如果仍不执行军纪军法，也不能用来作战。这是强调"文""武"手段要相互配合，相得益彰。又说："厚而不能使，爱而不能令，乱而不能治，譬若骄子，不可用也。"

---

① 中共中央文献研究室第一编研部编著《毛泽东军事箴言》，辽宁人民出版社，2017。
② 中共中央文献研究室第一编研部编著《毛泽东军事箴言》，辽宁人民出版社，2017。

(《地形》)这是强调治军不严的弊端。就是说,只知道厚待士兵却指使不动他们,只知道溺爱却指挥不动他们,士兵违法乱纪却不能惩罚他们,这样的士兵就会任性妄为,就会像娇生惯养的孩子一样,不能派上任何用场。还说:"令素行以教其民,则民服;令素不行以教其民,则民不服。令素行者,与众相得也。"(《行军》)这是强调文武兼治,功夫要下在平时,要注意平日的养成教育。平素管教士卒能严格贯彻命令,士卒就能养成服从的习惯;平素管教士卒不严格贯彻命令,士卒就不会养成服从的习惯。平时命令能够贯彻执行,就表明将帅同兵卒之间相处融洽。所谓身先士卒者,非独患难时同滋味,平处时亦要同滋味,就是这个道理。这种既军纪严明又融洽相处,既团结紧张又严肃活泼的理想状态就达到了"令之以文,齐之以武"的有机统一。

在今天,孙武的"令之以文,齐之以武"的治军原则依然具有指导意义。作为将领,要善于运用政治思想教育、严格的军事训练和严明的军纪军规,运用文武相结合的手段来管理好、训练好部队。当然,在现代战争条件下,"文"和"武"的内涵比起孙武时代要丰富而深刻得多。具体说来,现代条件下的"文武兼治"应把握以下几点。

第一,要善于创造性地开展政治思想工作,使全军官兵在思想上、组织上、行动上与党中央、中央军委保持一致,保持人民军队的政治本色、过硬作风和优良传统。现代战争形态发生了巨大的变化,它比以往任何形式的战争都复杂得多,其作战范围、发展速度、激烈程度都是以往任何形式的战争所未曾达到的,所有这些都给将士们精神上、意志上带来了巨大的考验。再加上现在的青年战士知识水平较高,民主意识、参与意识、竞争意识较强,思想观念、思维方式、情趣爱好、心理特征等都有自己的特点。这就需要我们的指挥员根据现代战争的特点，在继承和发扬原有的政治思想工作方法的同时，充分利用最新科技手段，创造性地开展政治思想工作。

第二，要紧贴实战开展严格的教育训练，特别是加强联合作战人才培养和联合训练，提高部队整体战斗力。严格的教育训练是提高部队战斗力的基本途径。"刃不素持必致血指，舟不素操必致倾覆，若弓马不素习而欲攻战，未有不败者"。部队要做到能打仗、打胜仗，必须进行严格的教育训练。邓小平指出，在没有战争的条件下，军队主要靠教育训练提高战斗力。要坚持仗怎么打兵就怎么练，打仗需要什么就苦练什么，部队最缺什么就专攻精练什么。放眼世界，信息化军事变革不断向纵深推进，现代战争形态正在发生深刻变革，我军的武器装备越来越高科技化，微电子、激光、精确制导等先进科学技术已逐步进入装备系列，对军人的素质提出了更高的要求。在这种情况下，只有通过严格的教育训练，培养高素质新型军事人才，才能掌握现代化的武器装备，才能提高部队在信息化条件下的作战能力。现代战争是体系同体系的对抗，必须把联合训练突显出来。要强化战训一致思想，紧盯作战任务、紧盯敌情对手、紧盯未来战场，加强实案化训练和使命课题联合训练。按照联合作战的要求，抓好全系统、全要素、全流程训练，破解联合指挥、联合行动、联合保障等方面的难题，促进联合作战能力加快提升。

第三，要坚持依法治军、从严治军，加强部队日常养成教育。现代战争，军队武器装备的精密度越来越高，技术性能越来越强，战场范围越来越广，协同能力要求越来越高。这都需要从严治军、严格管理、严格训练、严格要求，达到统一的指挥、统一的制度、统一的纪律、统一的训练，培养高度的组织性、纪律性，切实做到令行禁止，这样才能产生强大的战斗力。在管理中任何一个环节出了问题，都有可能造成巨大的损失。对军队来说，纪律就是生命。没有纪律，没有权威和服从，军队一天也生存不下去。特别是在现代战争条件下，战争突然性加大，战场情况瞬息万变，战机稍纵即逝。如果在服从命令、听从指挥上有任何犹豫，有任何无组织无纪律现象，都可能对全局产生重大的影响，甚至造成无法挽回的损失。作为将领，只有把严明的纪律与高度的政治觉悟结合起来，把纪律的约束性与科学的体制编制结合起来，把遵守纪律的自觉性与加强养成教育结合起来，才能确保在现代战争中争取主动，立于不败之地。

第三节　率兵打仗：焚舟破釜，登高去梯

关于率兵打仗，兵法《九地》篇有一段颇有争议的话："将军之事，静以幽，正以治。能愚士卒之耳目，使之无知；易其事，革其谋，使人无识；易其居，迂其途，使人不得虑。帅与之期，如登高而去其梯，帅与之深入诸侯之地，而发其机，焚舟破釜，若驱群羊，驱而往，驱而来，莫知所之。聚三军之众，投之于险，此谓将军之事也。九地之变，屈伸之利，人情之理，不可不察。"说的是，统帅军队这种事情，要镇静以求深思，严正而有条理。能蒙蔽士卒的耳目，使他们对军事计划毫无所知；战法经常变化，计谋不断更新，使人们不能识破；驻军常改变驻地，进军迂回绕道，使人们无法推断行动意图。将帅赋予军队任务，要像登高而抽去梯子一样，使他们有进无退。率领军队深入诸侯国土，要像射出箭一样，使其一往直前。烧掉船只，砸烂军锅，表示必死决心；像驱赶羊群一样，赶过去，赶过来，使他们不知

道到底要到哪里去。聚集全军士卒，将其投置于危险的境地，使他们拼死奋战，这便是将军的责任。根据不同地区采取不同的行动方针，适应情况，伸缩进返，掌握士卒在不同情况下的心理状态。这些，都是将帅不能不认真考察和仔细研究的。

这段话的争议在于"像驱赶羊群一样驱赶士兵"这个例子似乎举得不好，过于直白露骨，有把士兵当作战争工具之嫌。但这字面意思真的是孙武的本意吗？当然不是，有两条理由。

第一条，不要忘了孙武是一个彻头彻尾的实谋派。一切以取胜为重，当然代价越小越好。这是最根本的价值观，也是对士兵最大的负责。俄国名将库图佐夫有句名言：一个统帅的意图连他的枕头也不能知道。从作战取胜角度讲，作战计划当然是要严格保密的，只能在一定范围内知悉，怎么能让每一个士兵都知道下一步的行动呢？不怕泄露给敌人吗？一旦军事机密被敌人掌握而打了败仗，又将带来多少人员伤亡？难道这才是爱兵？而且，如果处于两军决战的关键时刻，将领的计谋让士兵们过早知晓，他们的内心可能会产生疑惑，从而为军队的统一指挥、整齐行动带来不必要的干扰。因此，一般来说，每个士兵只需知晓本级当前的战斗任务，以及往上一级到两级的作战意图就可以了，下一步如何往往不需要知道，知道得太早、太多反而会出问题。

比如，红军长征时四渡赤水战役的胜利，就是因为红军将领能"易其事，革其谋"，"易其居，迂其途"。1935年，红军为了北上抗日，准备由遵义地区北进。国民党几十万大军前堵后追，想将红军消灭在遵义地区。红军为了摆脱敌人，并在转移中寻机歼灭敌人有生力量，四渡赤水，在云南、贵州、四川交界处声东击西，忽南忽北，佯攻奔袭，虚虚实实，使敌人几十万大军晕头转向，疲于奔命，损兵折将，最后，红军巧渡金沙江，到达川南，实现了渡江北上的目的。这个战例中，由于战事变化十分迅速，常常要适时改变作战计划、更新计谋、改变军队的驻地和行军路线，其目的就是争取主动和调动敌人，因此有关下一步的作战行动的信息是不能够提前告知部署的。

再举一个反面的例子。二战中，德国为了隐蔽侵苏意图，于1939年8月3日同苏联签订了友好条约。因此，多数人都相信德国和苏联交战是不可能的。1941年6月19日夜间，当侵苏德军悄悄地进入设在500公里长的邻近边境线的阵地时，进入阵地的官兵还认为：这次突然向东转移是为了蒙蔽英国，不是进攻苏联，认为德国真正的目的是要穿过波斯，从背后击垮英国的沙漠军队。试想，如果让每名德军士兵都知道向东转移是为了进攻苏联，以苏联强大的情报能力必然知悉，这样还怎么能出其不意，达成作战的突然性呢？

第二条，孙武在兵法中多处告诫应"视卒如婴儿""视卒如爱子"等，可以看出其实并不是孙武真的不爱兵，而是在描述胜利之军的一种常见的外在表现状态。拿破仑有句名言：一头狮子带领的一群羊，可以打败一头羊带领的一群狮子。《尉缭子》有言："卒畏将甚于敌者胜，卒畏敌甚于将者败。"优秀的将领统兵打仗，应该像狮子率领羊群，他的军队应当听从指挥，协调一致行动，具备一种"吃得苦、耐得烦、霸得蛮、舍得死"的战斗作风和精神状态。像羊群一样，能"驱而往，驱而来"的军队，正是胜利之军应具备的品质。

克劳塞维茨在《战争论》中有这样一段对军队武德的描述："一支军队，如果它在极猛烈的炮火下仍能保持正常的秩序，永远不为想象中的危险所吓倒，而在真正的危险面前也寸步不让，如果它在胜利时感到自豪，在失败的困境中仍能服从命令，不丧失对指挥官的尊重和信赖，如果它在困苦和劳累中能像运动员锻炼肌肉一样增强自己体力，把这种劳累看做是制胜的手段，而不看成是倒霉晦气，如果它只抱有保持军人荣誉这样一个惟一的简单信条，因而能经常不忘上述一切义务和美德，那么，它就是一支富有武德的军队。"克劳塞维茨笔下的这样一支军队像不像孙武笔下"驱而往，驱而来"的群羊？当然这些群羊是对指挥员这头狮子的服从，而不是对敌人的屈服和赢弱。军队对敌人要剽悍，指挥员对敌人要更剽悍。

诸如"焚舟破釜，登高去梯"这类有争议的话，孙武其实强调的是"合军聚众，务在激气"这个道理。养兵千日，用兵一时。打起仗来的带兵与和平时期的带兵是不一样的。和平时期的带兵可以是"令之以文，齐之以武"的慢功夫，战时带兵打仗则是一锤子买卖，生死存亡系于一线，必须进入不同寻常的紧急状态。焚舟破釜、登高去梯这种典型的置之死地而后生的应激手段，目的就是创造一种出乎意料的紧张心理状态，使官兵在性命攸关的紧要关头或危险情况面前，激发出一种勇往直前的战斗精神。

在《九地》篇中，孙武深入分析了士卒打仗的心理状态，比如："故兵之情，围则御，不得已则斗，过则从。"意思是，士兵打仗，被包围就会协力抵御，迫不得已就会拼死战斗，陷于危险的境地，就会听从指挥。

再如："兵士甚陷则不惧，无所往则固，深入则拘，不得已则斗。"陷入无处可逃的死地时，士卒们反而不会有恐惧之心；除了冲向敌阵别无他途时，士卒们的内心反而会坚强；深入敌阵时，士兵们反而会齐心协力；毫无退路时，士兵们反而会殊死搏斗。

又如："令发之日，士卒坐者涕沾襟，偃卧者涕交颐，投之无所往,诸、刿之勇也。"当作战命令下达的时候,士卒们坐着的泪水沾湿了衣襟,躺着的则泪流面颊。把军队置于无路可走的绝境,就会像专诸、曹刿那样勇敢了。唐代诗人杜牧还专门对"令发之日"的令进行了解释:"士皆以死为约。未战之日,先令曰:'今日之事在此一举,若不用命,身膏草野,为禽兽所食也。'"①

孙武讲的都是人之常情啊!关于这种心情,日本著名哲学家荻生徂徕有这样一段阐述:哪怕是被称为勇士的人,也会悲叹死亡、爱惜生命。一想到今天就是死期,就自然会想起留在故乡的父母妻儿,自然会哀叹自己尚未建功立业就要死去,并为此而感到无比空虚,以至流泪不止,这些都是人之常情。但是,事到如今,只能勇往直前,冲锋陷阵,舍身拼杀。只有通过战斗,才能找到九死一生的通道,若不战斗,不是饿死,就是被敌人所杀。而这样死去,是会留下莫大遗憾的。一想到这里,悲叹中的士兵就会激发出无比的勇气,跟随自己的将领,奋勇杀敌,人人都可以在悲伤中爆发出以一当千的力量。荆轲为燕太子丹舍命,前往秦国刺杀秦始皇时,太子丹在易水河边为他饯别,送别者和出发的壮士无不落泪而泣。酒宴中还唱起了依依不舍的惜别之歌,所有人都勇气迸发,怒气冲天,眼角开裂,须发直竖。每一个人的勇气,都是从这些毕生最珍贵的思念中迸发出来的。

在现代战争中,率兵打仗也是需要激发战斗精神的。但是,故意将士兵投放到没有去处的地方以求取胜的做法已经过时了。当战况迫使我方陷入"无所往"之地时,首先应该做的,应是认清形势,理解任务,权衡利弊,做出或战、或守、或走的正确决策;而后激励将士,巧妙克敌,险中求生,力求变不利为有利,

---

① 〔日〕冈田武彦:《孙子兵法新解》,重庆出版社,2017。

实现上级意图。而不要把"背水一战"当成激发士气的"有利"条件，冒险去死拼硬扛。例如，在第二次世界大战的敦刻尔克战役中，英国远征军及法军被德军压迫到海边，陷入了德国陆、空军包围的罗网之中。在这种危急情况下，对于英法联军来说，已经陷入了"无所往"之地。英法联军英勇奋战，全体被包围的将士都自动服从指挥，秩序井然地按着计划保持着完整的队形上船撤退，就是在看来已经走投无路的情况下，几乎将所有被德军围困的英法军队撤至英国本土，从而保留了战略反攻的火种。丘吉尔事后曾说："如果这些职业军人没能回国，我们只能用童子军来保卫不列颠了。"俗话说得好，留得青山在，不愁没柴烧。在所有办法都失效之前，置之死地而后生并不是最明智的决定。

兵法点评

将帅的管理指挥艺术、军队平时的战备状态、战时的应激能力，这是一支军队战斗力最核心的组成部分。在这三个方面，孙武都提出了极具洞察力的主张。

将帅作为军队的中坚力量，身上千钧重担，身后千军万马，必须才智过人、忠诚守信、爱兵抚民、勇敢果断、治军严格。这些意志品质上的五个特征既要全面发展，整体提高，不能有明显短板，否则将成为决定其高度的硬伤；同时又要适度发扬，防止产生过犹不及的负面效应，否则将导致"五危"，给敌人造成可乘之机。

军队保持良好的战备状态，要文治、武备两种方法同时使用，互相配合，相得益彰。文治提倡关爱士兵、发扬民主，旨在齐心，武备提倡严格要求、严格训练，旨在蓄力。部队保持心齐力盈的战备状态，自然可以招之即来，来之能战，战之必胜。

军人打仗面对的是重大生死考验，某种程度上是一种以生命为筹码、以胜利为目标的冒险行为。在这样危险、复杂而又高度不确定的条件下，要想保证军人服从指挥、听从调遣，无惧危险、专注于战斗，就要进入一种"背水一战""人在阵地在"的应激状态，把蕴含在军人思想深处的战斗精神充分激发出来，使之成为克敌制胜的强大思想武器。

附录一

《孙子兵法》原文及译文

计篇第一

原文：

孙子曰：兵者，国之大事，死生之地，存亡之道，不可不察也。

故经之以五事，校之以计而索其情：一曰道，二曰天，三曰地，四曰将，五曰法。道者，令民与上同意也，故可以与之死，可以与之生，而不畏危。天者，阴阳、寒暑、时制也。地者，远近、险易、广狭、死生也。将者，智、信、仁、勇、严也。法者，曲制、官道、主用也。凡此五者，将莫不闻，知之者胜，不知者不胜。故校之以计而索其情，曰：主孰有道？将孰有能？天地孰得？法令孰行？兵众孰强？士卒孰练？赏罚孰明？吾以此知胜负矣。

将听吾计，用之必胜，留之；将不听吾计，用之必败，去之。

计利以听，乃为之势，以佐其外。势者，因利而制权也。

兵者，诡道也。故能而示之不能，用而示之不用，近而示之远，远而示之近。利而诱之，乱而取之，实而备之，强而避之，怒而挠之，卑而骄之，佚而劳之，亲而离之，攻其无备，出其不意。此兵家之胜，不可先传也。

夫未战而庙算胜者，得算多也；未战而庙算不胜者，得算少也。多算胜，少算不胜，而况于无算乎！吾以此观之，胜负见矣。

译文：

孙子说：战争是国家的大事，关系到军民的生死，国家的存亡，是不可以不认真研究的。

因此，要通过对敌我五个方面的分析，通过对双方情况的比较，来探索战争胜负的情势。（这五个方面）一是政治，二是天时，三是地利，四是将领，五是法制。政治，就是要让民众和君主的意愿一致，因此可以叫他们为君主死，为君主生，而不惧危险。天时，就是指昼夜、阴晴、寒暑等气候季节的变化。地利，就是指高陵洼地、远途近路、险要平坦、广阔狭窄、死地生地等地形条件。将领，就是指智谋、诚信、仁慈、勇敢、严明。法制，就是指军队的组织编制、将吏的职责、军需的掌管。凡属这五个方面的情况，将帅都不能不知道。充分了解这些情况的就能打胜仗，不了解这些情况的就不能打胜仗。所以要通过对双方情况的比较，来探索战争胜负的情势。（这几种情况）是：哪一方君主政治开明？哪一方将帅更有才能？哪一方拥有更好的天时地利？哪一方法令能够贯彻执行？哪一方武器装备精良？哪一方士兵训练有素？哪一方赏罚公正严明？我们依据这些，就能够判断谁胜谁负了。

如果能听从我的计谋，用其指挥作战，就会获胜，就留下来；如果不能听从我的计谋，就会失败，就告辞而去。

战略筹划确定并通过之后，就要考虑"势"的问题了，以便充分利用外部的条件。所谓的"势"，就是根据有利条件而灵活去应变。

用兵打仗是一种诡异、欺诈的行动。因此要做到：有能力，要装作没有能力；要行动，装作不会采取行动；在逼近对方的时候，要使对方感到很远，当离对方很远的时候，要使对方感到已经临近了。对方贪利，就用小利引诱他；对方混乱，就乘机攻取他；对方力量充实，就注意防备他；对方兵强卒锐，就暂时避开他；对方士气旺盛，就设法衰竭它；对方辞卑沉静，就设法使他骄横丧智；对方休整良好，就设法使之疲劳；对方内部团结，就设法制造矛盾离间他。要在对方不备之时和不备之处发动进攻，要在对方意想之外采取行动。这是军事家制胜的奥秘，无法事先来讲明。

开战之前，我们如果经过认真推算预计能够获胜的话，获胜的把握就大；如果经过认真推算预计不能够获胜的话，获胜的把握就小。筹划得越是周密，获胜的可能性就越大，筹划得越是疏漏，获胜的可能性就越小，更何况一点都不去筹划呢？我们根据这些来观察，就可以判定胜负的结果了。

作战篇第二

原文

孙子曰：凡用兵之法，驰车千驷，革车千乘，带甲十万，千里馈粮，则内外之费，宾客之用，胶漆之材，车甲之奉，日费千金，然后十万之师举矣。其用战也胜，久则钝兵挫锐，攻城则力屈，久暴师则国用不足。夫钝兵挫锐，屈力殚货，则诸侯乘其弊而起，虽有智者，不能善其后矣。故兵闻拙速，未睹巧之久也。夫兵久而国利者，未之有也。故不尽知用兵之害者，则不能尽知用兵之利也。

善用兵者，役不再籍，粮不三载，取用于国，因粮于敌，故军食可足也。

国之贫于师者远输，远输则百姓贫。近师者贵卖，贵卖则百姓财竭，财竭则急于丘役。力屈、财殚，中原内虚于家。百姓之费，十去其七；公家之费，破车罢马，甲胄矢弩，戟楯蔽橹，丘牛大车，十去其六。

故智将务食于敌，食敌一钟，当吾二十钟；萁秆一石，当吾二十石。

故杀敌者，怒也；取敌之利者，货也。故车战，得车十乘以上，赏其先得者，而更其旌旗，车杂而乘之，卒善而养之，是谓胜敌而益强。

故兵贵胜，不贵久。

故知兵之将，生民之司命，国家安危之主也。

译文：

孙子说：凡用兵作战，需动用轻型战车千辆，重型战车千辆，军队十万，还要越境千里运送军粮，那么前方后方的经费，款待使节、游士的用度，作战器材的费用，车辆兵甲的维修开支，每天都要耗资"千金"，然后十万大军才能出动。用兵作战，如果时间拖得太久了，就会使军事行动受阻，使军队的锐气挫伤，攻城就会使兵力耗损，军队长期在外作战会使国家财政发生困难。如果军事行动受阻，军队士气受挫，军力耗尽，国家经济枯竭，那么诸侯列国就会乘机作乱，那时候即使有再高明的统帅，也无力回天了。所以，在军事上，只听说过用笨拙的办法求取速胜，没有见过用精巧的办法将战争拖向持久。战争久拖不决而对国家有利的情形，从来不曾有过。所以，不完全了解用兵有害方面的人，也就不能完全了解用兵的有利方面。

善于用兵打仗的人，兵员不征集两次，粮秣不运输三回，军需物资从国内取用，粮食饲料在敌国补充，这样，军队的粮草供给就充足了。

国家之所以用兵而贫困的，就是由于军队的远征，远程运输。军队远征，远程运输，将会使老百姓陷于贫困。临近驻军的地方物价必然飞涨，物价飞涨就会使国家财政枯竭。国家因财政枯竭就急于加重赋役。军力耗尽于战场，国内十室九空，百姓的财产耗去了十分之七。政府的财力，也会由于车辆破损、马匹疲病，盔甲、箭弩、戟矛、盾橹的制作补充以及征用运送辎重的牛和大车，而损失掉十分之六。

所以，明智的将领务求在敌国解决粮草供应问题。消耗敌国的一钟（中国古代计量单位）粮食，相当于从本国运输二十钟；动用敌国的一石草料，等同于从本国运送二十石。

要使军队英勇杀敌，就应激励部队的士气；要使军队夺取敌人的军需物资，就必须依靠物资的奖赏。所以，在车战中，凡是缴获战车十辆以上者，就奖赏最先夺得战车的人，并且将缴获的战车换上我军的旗帜，混合编入自己的战车行列。对于战俘，要善待他们，为我所用。这就是所说的越战胜敌人也越壮大自己。

因此，用兵贵在速战速决，而不宜旷日持久。

所以，懂得战争特点的将帅，是民众生死的掌握者，国家安危的主宰。

谋攻篇第三

原文：

孙子曰：凡用兵之法，全国为上，破国次之；全军为上，破军次之；全旅为上，破旅次之；全卒为上，破卒次之；全伍为上，破伍次之。是故百战百胜，非善之善者也；不战而屈人之兵，善之善者也。

故上兵伐谋，其次伐交，其次伐兵，其下攻城。攻城之法，为不得已。修橹轒辒、具器械，三月而后成；距堙，又三月而后已。将不胜其忿而蚁附之，杀士卒三分之一而城不拔者，此攻之灾也。故善用兵者，屈人之兵而非战也，拔人之城而非攻也，破人之国而非久也，必以全争于天下，故兵不顿而利可全，此谋攻之法也。

故用兵之法，十则围之，五则攻之，倍则分之，敌则能战之，少则能逃之，不若则能避之。故小敌之坚，大敌之擒也。

夫将者，国之辅也。辅周则国必强，辅隙则国必弱。

故君之所以患于军者三：不知军之不可以进而谓之进，不知军之不可以退而谓之退，是谓縻军；不知三军之事而同三军之政，则军士惑矣；不知三军之权而同三军之任，则军士疑矣。三军既惑且疑，则诸侯之难至矣，是谓乱军引胜。

故知胜有五：知可以战与不可以战者胜，识众寡之用者胜，上下同欲者胜，以虞待不虞者胜，将能而君不御者胜。此五者，知胜之道也。

故曰：知彼知己，百战不殆；不知彼而知己，一胜一负；不知彼不知己，每战必殆。

译文：

孙子说：指导战争的法则是，能够保全敌"国"而胜是上策，击破敌"国"而胜就差一些；能够保全敌"军"而胜是上策，击破敌"军"而胜就差一些；能够保全敌"旅"而胜是上策，击破敌"旅"而胜就差一些；能够保全敌"卒"而胜是上策，击破敌"卒"而胜就差一些；能够保全敌"伍"而胜是上策，击破敌"伍"而胜就差一些。因此，百战百胜，不能算是高明中最高明的；不经交战就能使敌人屈服，才算是高明中最高明的！

所以，指导战争的上策是挫败敌人的战略计谋，其次是挫败敌人的外交，再次是击败敌人的军队，下策就是攻打敌人的城池。攻城的办法是不得已的。制造攻城的大盾和四轮大车，准备攻城的器械，需要三个月才能完成；构筑攻城的土山又要三个月才能竣工。将帅控制不住自己愤怒的情绪，驱使士卒像蚂蚁一样去爬梯攻城，结果士卒伤亡了三分之一，而城池依然未能攻克。这就是攻城带来的灾难！善于用兵的人，使敌人屈服而不是靠硬打，攻占敌人的城堡而不是靠强攻，毁灭敌人的国家而不是靠久战。一定要用全胜的战略争胜于天下，在实力不受到太大耗损的情况下获得全部的利益，这就是以谋攻敌的法则。

用兵的原则是，有十倍于敌的兵力就包围敌人，有五倍于敌的兵力就进攻敌人，有两倍于敌的兵力就要设法分散敌人，与敌人遭遇就要设法击败敌人，当兵力少于敌人的时候就要退却，当不能匹敌的时候就要避免决战。所以，弱小的军队假如固执坚守，就会成为强大敌人的俘虏。

将帅，就像是国家的辅木，辅木设置运行得周密可靠，则国家定会强盛；辅木设置运行得有空隙不牢靠，国家就一定会衰弱。（在中国古代，辅木是安装在车子上的一个重要设备，"辅"与"车"两者必须紧密地联结在一起，才能使车辆正常安全地运行。所以，中国古人有"辅车相依"的说法。孙子在这里用一种比喻的方法说明将帅与国家的关系，说明将帅在国家安全中的重要地位）

国君危害军队行动的情况有三种：不了解军队不可以前进而硬让军队前进，不了解军队不可以后退而硬让军队后退，这叫做束缚军队；不了解军队的内部事务，而去干预军队的行政，就会使将士迷惑；不懂得军事上的权宜机变，而去干涉军队的指挥，就会使将士疑虑。军队既迷惑又疑虑，那么诸侯列国乘机进犯的灾难也就到来了。这就是所谓自乱其军，自取败亡。

预知胜利的情况有五种：知道可以战或不可以战的，能够胜利；明白实力强弱之运用规律的，能够胜利；上下同心同德的，能够胜利；以己有备对敌无备的，能够胜利；将帅有指挥才能而君主不加牵制的，能够胜利。这五条，是预知胜利的方法。

所以说，既了解敌人，又了解自己，百战都不会有危险；不了解敌人但了解自己，一半的仗有危险；既不了解敌人，也不了解自己，那么每战都会有危险了。（在这段话中，"殆"是指"危险"的意思）

形篇第四

原文：

孙子曰：昔之善战者，先为不可胜，以待敌之可胜。不可胜在己，可胜在敌。故善战者，能为不可胜，不能使敌之可胜。故曰：胜可知，而不可为。不可胜者，守也；可胜者，攻也。守则不足，攻则有余。善守者，藏于九地之下，善攻者，动于九天之上，故能自保而全胜也。

见胜不过众人之所知，非善之善者也；战胜而天下曰善，非善之善者也。故举秋毫不为多力，见日月不为明目，闻雷霆不为聪耳。古之所谓善战者，胜于易胜者也。故善战者之胜也，无智名，无勇功，故其战胜不忒。不忒者，其所措必胜，胜已败者也。故善战者，立于不败之地，而不失敌之败也。是故胜兵先胜而后求战，败兵先战而后求胜。善用兵者，修道而保法，故能为胜败之政。

兵法：一曰度，二曰量，三曰数，四曰称，五曰胜。地生度，度生量，量生数，数生称，称生胜。

故胜兵若以镒称铢，败兵若以铢称镒。

胜者之战民也，若决积水于千仞之溪者，形也。

译文：

孙子说：从前善于作战的人，先要做到不会被敌战胜，然后待机战胜敌人。不会被敌战胜的主动权操在自己手中，能否战胜敌人则在于敌人是否有隙可乘。所以，善于作战的人，能够做到自己不被敌人所战胜，但不能绝对保证自己一定会战胜敌人。所以说，胜利可以预知，但并不能强求。要想不被敌所战胜，就要组织好防御；要想战胜敌人，就要采取进攻行动。采取防御，是因为我方兵力不足；采取进攻，是因为我方兵力有余。善于防御的人，隐蔽自己的兵力如同深藏于很深的地下；善于进攻的人，展开自己的兵力就像是自重霄而降。这样话，就能够保全自己，达到全胜的目的。

预见胜利不超过一般人的见识，不算是高明中最高明的。激战而后取胜，即便是普天下人都说好，也不算是高明中最高明的。这就像能举起毫毛称不上力气大，能看见日月算不上眼睛好，能听到雷声算不上耳朵灵一样。古时候所说的善于作战的人，总是战胜那些容易战胜的敌人。因此，善于作战的人打了胜仗，没有使人惊奇的胜利，没有智慧的名声，没有勇武的战功。他们求取胜利，不会有失误；之所以不会有失误，是由于他们的作战措施建立在必胜的基础之上，是战胜那些已经处于失败地位的敌人。善于作战的人，总是使自己立于不败之地，而不放过击败敌人的机会。所以，胜利的军队先有胜利的把握，而后才寻求与敌交战；失败的军队往往是先冒险与敌交战，而后企求侥幸取胜。善于指挥战争的人，必须掌握"自保而全胜"的规律和原则，这样才能够掌握胜败的主动权。

获胜的基本条件：一是土地面积的"度"，二是物产资源的"量"，三是兵员众寡的"数"，四是兵力对比的"称"，五是胜负优劣的"胜"。敌我所处地域的不同，产生双方土地面积大小不同的"度"；敌我土地面积大小的"度"的不同，产生双方物产资源多少不同的"量"；敌我物产资源多少的"量"的不同，产生双方兵员多寡不同的"数"；敌我兵员多寡的"数"的不同，产生双方兵力对比不同的"称"；敌我兵力对比"称"的不同，最终决定战争胜负的结果。胜利的军队较之于失败的军队，有如以"镒"称"铢"那样占有绝对的优势；而失败的军队较之于胜利的军队，就像用"铢"称"镒"那样处于绝对的劣势。

实力强大的胜利者统帅部队作战，就像在万丈悬崖决开山涧的积水一样，这就是军事实力的"形"。

势篇第五

原文：

孙子曰：凡治众如治寡，分数是也；斗众如斗寡，形名是也；三军之众，可使必受敌而无败者，奇正是也；兵之所加，如以碬投卵者，虚实是也。

凡战者，以正合，以奇胜。故善出奇者，无穷如天地，不竭如江河。终而复始，日月是也。死而复生，四时是也。声不过五，五声之变，不可胜听也。色不过五，五色之变，不可胜观也。味不过五，五味之变，不可胜尝也。战势不过奇正，奇正之变，不可胜穷也。奇正相生，如循环之无端，孰能穷之？

激水之疾，至于漂石者，势也；鸷鸟之疾，至于毁折者，节也。是故善战者，其势险，其节短。势如扩弩，节如发机。

纷纷纭纭，斗乱而不可乱也；浑浑沌沌，形圆而不可败也。

乱生于治，怯生于勇，弱生于强。治乱，数也；勇怯，势也；强弱，形也。

故善动敌者，形之，敌必从之；予之，敌必取之。以利动之，以卒待之。

故善战者，求之于势，不责于人故能择人而任势。任势者，其战人也，如转木石。木石之性，安则静，危则动，方则止，圆则行。

故善战人之势，如转圆石于千仞之山者，势也。

译文：

孙子说：管理众人如同一人，取决于管理体制；调动千军如同一军，取决于指挥控制；统领全军迎敌而不败，取决于"奇正"战术的运用；战胜敌人如同石头击卵一样，这是避实击虚思想的体现。

凡是作战，都是以"正"兵迎敌，以"奇"兵取胜。所以善于出奇制胜的将帅，其战法变化就像天地那样不可穷尽，像江河那样不会枯竭。终而复始，如同日月的运行；去而又来，就像四季的更替。声音不过五种音阶，可这五种音阶却能变化出听不完的乐章。颜色不过五种色素，可这五种色素却能变化出看不完的图画。味道不过有五种味觉，可这五种味觉却能变化出尝不完的佳肴。作战运筹不过"奇正"，但"奇正"却能变化出无穷无尽的战法。"奇正"相互转化，就像圆环那样旋转不断，无始无终，谁能够穷尽它呢？

湍急的流水能够漂起石头，是"势"的作用；天上的猛禽能够捕杀雀鸟，是"节"的作用。善于用兵的人，他创造的"势"是险峻的，他发出的"节"是急促的。险峻的"势"就像张满的弓一样，急促的"节"就像刚射出的箭一样。

旌旗纷纷，人马纭纭，要在混乱的作战中使自己不乱；浑浑车行，沌沌人奔，要在繁杂的部署机动中使自己不败。在迷蒙不清的情况下打仗，要周全部署，像圆形一样，能够对付各方面可能发生的情况。

混乱从严整中发生，怯懦从勇敢中发生，软弱从坚强中发生。严密与混乱，是由组织编制好坏决定的；勇敢与怯懦，是由态势优劣造成的；强大与弱小，是由实力大小对比显现的。

善于调动敌人的将帅，伪装假象迷惑敌人，敌人就会听从调动；用小利引诱敌人，敌人就会来夺取。用这样的办法去调动敌人就范，然后用重兵去消灭它。

善于作战的人，借助于有利的态势而取胜，并不是局限于力量的自身，所以他能将自身的力量与巧妙的借势结合起来。善于创造有利态势的将帅指挥部队作战，就像滚动木头、石头一样。木头、石头的本性：放在平稳的地方就静止，放在陡险的地方就滚动；方的容易静止，圆的容易转动。

所以，善于指挥作战的人所造成的有利态势，就像转动圆石从万丈高山上滚下来那样。这就是所谓的"势"!

虚实篇第六

原文：

孙子曰：凡先处战地而待敌者佚，后处战地而趋战者劳。故善战者，致人而不致于人。

能使敌人自至者，利之也；能使敌人不得至者，害之也。故敌佚能劳之，饱能饥之，安能动之。

出其所不趋，趋其所不意。行千里而不劳者，行于无人之地也；攻而必取者，攻其所不守也。守而必固者，守其所不攻也。

故善攻者，敌不知其所守；善守者，敌不知其所攻。

微乎微乎，至于无形；神乎神乎，至于无声，故能为敌之司命。

进而不可御者，冲其虚也；退而不可追者，速而不可及也。故我欲战，敌虽高垒深沟，不得不与我战者，攻其所必救也；我不欲战，画地而守之，敌不得与我战者，乖其所之也。

故形人而我无形，则我专而敌分。我专为一，敌分为十，是以十攻其一也，则我众而敌寡；能以众击寡者，则吾之所与战者，约矣。吾所与战之地不可知，不可知，则敌所备者多，敌所备者多，则吾所与战者，寡矣。

故备前则后寡，备后则前寡，备左则右寡，备右则左寡，无所不备，则无所不寡。寡者，备人者也；众者，使人备己者也。

故知战之地，知战之日，则可千里而会战；不知战之地，不知战日，则左不能救右，右不能救左，前不能救后，后不能救前，而况远者数十里，近者数里乎！

以吾度之，越人之兵虽多，亦奚益于胜败哉！

故曰：胜可为也。敌虽众，可使无斗。

故策之而知得失之计，作之而知动静之理，形之而知死生之地，角之而知有余不足之处。故形兵之极，至于无形。无形则深间不能窥，智者不能谋。

因形而错胜于众，众不能知。人皆知我所以胜之形，而莫知吾所以制胜之形。故其战胜不复，而应形于无穷。

夫兵形象水，水之形，避高而趋下，兵之形，避实而击虚；水因地而制流，兵因敌而制胜。故兵无常势，水无常形，能因敌变化而取胜者，谓之神。

故五行无常胜，四时无常位，日有短长，月有死生。

译文：

孙子说：凡先占据战场有利位置等待敌人的就主动安逸，后到达战场而仓促应战的就被动疲劳。所以善于指挥作战的人，能调动敌人而不被敌人所调动。

能使敌人自动进到我预定地域的，是用小利引诱的结果；能使敌人不能到达其预定地域的，是制造困难阻止的结果。在敌人休息时使之疲劳，在敌人粮食充足时使之饥饿，在敌人驻扎安稳时使之移动。

向敌人不及急救的地方进军，向敌人意料不到的方向急进。行军千里而不劳累，因为走的是敌人没有部署的地方；进攻必然会得手，因为攻的是敌人没有设防的地方；防御而必然能稳固，因为防守的是敌人攻不下的地方。

所以善于进攻的，使敌人不知道怎么防守；善于防守的，使敌人不知道怎么进攻。

微妙呀！微妙到看不出形迹；神奇呀！神奇到听不到声息；所以能成为敌人命运的主宰者。

前进而使敌人不能抵御的，是因为冲击它空虚的地方；撤退而使敌人无法追击的，是因为行动迅速使敌人追赶不上。所以我想打，敌人即使高垒深沟也不得不脱离阵地作战，这是因为我攻击到了敌人必救的要害之处。我不想打，虽然像"画地"一样构筑简易的阵地进行防御，敌人也不会来攻，这是因为我已将敌人调往其他方向。

示形于敌，使敌人暴露而我军不露痕迹，这样我军的兵力就可以集中而敌人兵力就不得不分散。我军兵力集中在一处，敌人的兵力分散在十处，我就能用十倍于敌的兵力去攻击敌人，这就造成了我众敌寡的有利态势。能做到以众击寡，那么同我军当面作战的敌人就有限了。我军所要进攻的地方敌人不得而知，不得而知，那么它所要防备的地方就多了；敌防备的地方越多，那么我军所要进攻的敌人就越少。

所以防备了前面，后面的兵力就薄弱；防备了后面，前面的兵力就薄弱；防备了左边，右边的兵力就薄弱；防备了右边，左边的兵力就薄弱；处处都防备，就处处兵力薄弱。之所以兵力薄弱，就是因为处处去防备别人；之所以兵力充足，就是因为迫使敌人处处防备自己。

所以，能预知交战的地点，预知交战的时间，那么即使相距千里也可以同敌人交战。不能预知在什么地方打，不能预知在什么时间打，那就会左翼不能救右翼，右翼也不能救左翼，前面不能救后面，后面也不能救前面，何况远在数十里，近在数里呢！

依我分析，越国的军队虽多，对争取战争的胜利又有什么补益呢？

所以说，胜利是可以造成的。敌军虽多，可以使它无法同我较量。

所以，要仔细谋划，分析敌人作战计划的得失；要挑动一下敌军，来了解敌人的活动规律；要侦察一下情况，来了解哪里有利哪里不利；要进行一下小战，来了解敌人兵力虚实强弱。

所以伪装佯动做到最好的地步，就看不出形迹；看不出形迹，即便有深藏的间谍也窥察不到我军底细，聪明的敌将也想不出对付我军的办法。

根据敌情变化而灵活运用战术，即使把胜利摆在众人面前，众人还是看不出其中的奥妙。人们只知道我用来战胜敌人的方法，但不知道我是怎样运用这些方法取胜的。所以每次战胜，都不是重复老一套的方法，而是适应不同的情况，变化无穷。

用兵的规律好像水的流动，水的流动，是由于避开高处而流向低处；用兵获胜，是由于避开敌人的"实"而攻击敌人的"虚"。水因地形的高低而制约其流向，作战则根据不同的敌情而决定不同的战法。所以，用兵作战没有固定刻板的战场态势，没有一成不变的作战方式。能够根据敌情变化而取胜的，就叫做用兵如神。

五行相生相克没有哪一个固定常胜，四季相接相代也没有哪一个固定不移，白天有短有长，月亮有缺有圆。

军争篇第七

原文：

孙子曰：凡用兵之法，将受命于君，合军聚众，交和而舍，莫难于军争。军争之难者，以迂为直，以患为利。故迂其途，而诱之以利，后人发，先人至，此知迂直之计者也。

故军争为利，军争为危。举军而争利则不及，委军而争利则辎重捐。是故卷甲而趋，日夜不处，倍道兼行，百里而争利，则擒三将军，劲者先，疲者后，其法十一而至；五十里而争利，则蹶上将军，其法半至；三十里而争利，则三分之二至。是故军无辎重则亡，无粮食则亡，无委积则亡。

故不知诸侯之谋者，不能预交；不知山林、险阻、沮泽之形者，不能行军；不用乡导者，不能得地利。

故兵以诈立，以利动，以分和为变者也。

故其疾如风，其徐如林，侵掠如火，不动如山，难知如阴，动如雷震。

掠乡分众，廓地分利，悬权而动。

先知迂直之计者胜，此军争之法也。

《军政》曰："言不相闻，故为金鼓；视不相见，故为旌旗。"夫金鼓旌旗者，所以一人之耳目也。人既专一，则勇者不得独进，怯者不得独退，此用众之法也。故夜战多金鼓，昼战多旌旗，所以变人之耳目也。

三军可夺气，将军可夺心。是故朝气锐，昼气惰，暮气归。善用兵者，避其锐气，击其惰归，此治气者也。以治待乱，以静待哗，此治心者也。以近待远，以佚待劳，以饱待饥，此治力者也。无邀正正之旗，勿击堂堂之阵，此治变者也。

故用兵之法，高陵勿向，背丘勿逆，佯北勿从，锐卒勿攻，饵兵勿食，归师勿遏，围师必阙，穷寇勿迫，此用兵之法也。

译文：

孙子说：大凡用兵的法则，将帅接受国君的命令，从征集民众、组织军队到同敌人对阵，在这个过程中没有比争取先机之利更困难的。争取先机之利最困难的地方，是要把迂回的弯路变为捷径，要把不利变成有利。所以用迂回绕道的佯动，并用小利引诱敌人，这样就能比敌人后出发而先到达所要争夺的要地，这就是懂得以迂为直的方法了。

争取先机之利有有利的一面，同时也有危险的一面。如果全军带着装备辎重去争利，就不能按时到达预定位置；如果轻装去争利，辎重就会丢失。因此，收起铠甲日夜兼程，走上百里去争利，三军的将领都可能被敌俘虏；强壮的士兵先走，疲弱的士兵随后，其结果只会有十分之一的兵力赶到；走五十里去争利，上军的将领会受挫折，只有半数的兵力赶到；走三十里去争利，只有三分之二的兵力赶到。因此，军队没有辎重就不能生存，没有粮食就不能生存，没有物资储备就不能生存。

不了解列国诸侯战略企图的，不能与之结交；不熟悉山林、险阻、水网、沼泽等地形的，不能行军；不重用向导的，不能得到地利。

所以，用兵作战要善于用"诈"，采取行动要取决于"利"，部署与战术的变化要通过集中或分散来实现。

所以，军队行动迅速时像疾风，行动舒缓时像森林，攻击时像烈火，防御时像山岳，隐蔽时像看不见日月星辰的阴天，冲锋时像雷霆万钧的迅雷和闪电。

要分兵掠取敌域内作战物资，要派兵扼守扩张地域内的有利地形，要衡量利害得失相机而动。

事先懂得以迂为直方法的就胜利，这就是军争的法则。

《军政》说过，作战中用话语难以传递指挥信息，所以设置了金鼓；用动作难以让士兵看清指挥信号，所以设置了旌旗。因此夜间作战多用金鼓，白天作战多用旌旗。金鼓和旌旗，是统一全军行动的。全军行动既然一致，那么，勇敢的士兵就不会单独冒进，怯懦的士兵也不会畏缩后退。这就是指挥大部队作战的方法。

对于敌人的军队，可使其士气衰落；对于敌人的将领，可使其决心动摇。军队初战时士气饱满，过一段时间，就逐渐懈怠，最后士气就衰竭了。所以善于用兵的人，要避开敌人初来时的锐气，等待敌人士气懈怠衰竭时再去打它，这是通过削弱敌军士气而获胜的办法。用自己的严整对付敌人的混乱，用自己的镇静对付敌人的喧嚣，这是通过利用敌军心理躁动而获胜的办法。在离自己较近的战场上等待远道而来的敌人，在自己部队得到充分休息的状态下等待疲惫不堪的敌人，在自己部队吃饱肚子的情况下等待饥肠辘辘的敌人，这是通过消耗敌军力气而获胜的办法。不要试图拦击旗帜排列整齐的敌人，不要试图攻击阵容堂皇、实力强大的敌人，这是通过待敌之变获胜的办法。

用兵的法则是：敌军占领山地不要仰攻，敌军背靠高地不要正面迎击，敌军假装败退不要跟踪追击，敌军的精锐不要去攻击，敌人的诱兵不要去理睬，敌军退回本国不要去拦截，包围敌人要虚留缺口，敌军已到绝境时不要过分逼迫。这些，就是用兵的法则。

九变篇第八

原文：

孙子曰：凡用兵之法，将受命于君，合军聚众。圮地无舍，衢地合交，绝地无留，围地则谋，死地则战。

途有所不由，军有所不击，城有所不攻，地有所不争，君命有所不受。

故将通于九变之地利者，知用兵矣；将不通于九变之利，虽知地形，不能得地之利矣；治兵不知九变之术，虽知五利，不能得人之用矣。

是故智者之虑，必杂于利害。杂于利，而务可信也；杂于害，而患可解也。

是故屈诸侯者以害，役诸侯者以业，趋诸侯者以利。

故用兵之法，无恃其不来，恃吾有以待也；无恃其不攻，恃吾有所不可攻也。

故将有五危：必死可杀，必生可虏，忿速可侮，廉洁可辱，爱民可烦。凡此五者，将之过也，用兵之灾也。覆军杀将，必以五危，不可不察也。

译文：

孙子说：大凡用兵的法则，主将接受国君的命令，组织军队，聚集军需，出征时在难以通行的"圮地"不可宿营，在四通八达的"衢地"应结交邻国，在难以生存的"绝地"不可停留，在被敌包围的"围地"要巧设计谋，陷入走投无路的"死地"就要坚决奋战。

有的道路不要走，有的敌军不要打，有的城池不要攻，有的地方不要争，国君的有些命令不要执行。

所以，将帅能够精通以上各种机变的运用，就是懂得用兵了。将帅不精通以上各种机变的运用，虽然了解地形，也不能得到地利。指挥军队不知道各种机变的方法，虽然知道上面的"途"、"军"、"城"、"地"、"君命"五事之利，也不能充分发挥军队的作用。

聪明的将帅思考问题，必须兼顾到"利害"两个方面。考虑到"利"，能够充分估计到有利的一面，才能提高胜利信心；考虑到"害"，能够看到危害的可能，才能预先解除祸患。

要通过"害"迫使诸侯屈服，通过繁杂之事役使诸侯忙乱，通过"利"诱使诸侯上当。

用兵的法则是，不要寄希望于敌人不会来，而要依靠自己做好了充分准备；不要寄希望于敌人不进攻，而要依靠自己拥有使敌人无法进攻的力量。

将帅有五种致命的弱点：只知死拼可能被诱杀，贪生怕死可能被俘虏，急躁易怒可能中敌人轻侮的阴谋，廉洁好名可能入敌人污辱的圈套，一味"爱民"可能导致烦扰而不得安宁。以上五点，是将帅的过错，也是用兵的灾害。军队覆灭，将帅被杀，必定是由这五种危险引起的，是不可不充分认识的。

行军篇第九

原文：

孙子曰：凡处军相敌，绝山依谷，视生处高，战隆无登，此处山之军也。绝水必远水；客绝水而来，勿迎之于水内，令半济而击之，利；欲战者，无附于水而迎客；视生处高，无迎水流，此处水上之军也。绝斥泽，唯亟去无留；若交军于斥泽之中，必依水草而背众树，此处斥泽之军也。平陆处易，而右背高，前死后生，此处平陆之军也。凡此四军之利，黄帝之所以胜四帝也。

凡军好高而恶下，贵阳而贱阴，养生而处实，军无百疾，是谓必胜。丘陵堤防，必处其阳而右背之。此兵之利，地之助也。

上雨，水沫至，欲涉者，待其定也。

凡地有绝涧、天井、天牢、天罗、天陷、天隙，必亟去之，勿近也。吾远之，敌近之；吾迎之，敌背之。

军旁有险阻、潢井、蒹葭、山林、翳荟者，必谨复索之，此伏奸之所处也。

敌近而静者，恃其险也；远而挑战者，欲人之进也；其所居易者，利也。

众树动者，来也；众草多障者，疑也；鸟起者，伏也；兽骇者，覆也；尘高而锐者，车来也；卑而广者，徒来也；散而条达者，樵采也；少而往来者，营军也。

辞卑而益备者，进也；辞强而进驱者，退也；轻车先出居其侧者，阵也；无约而请和者，谋也；奔走而陈兵者，期也；半进半退者，诱也。

杖而立者，饥也；汲而先饮者，渴也；见利而不进者，劳也；鸟集者，虚也；夜呼者，恐也；军扰者，将不重也；旌旗动者，乱也；吏怒者，倦也；粟马肉食，军无悬缶，不返其舍者，穷寇也；谆谆翕翕，徐与人言者，失众也；数赏者，窘也；数罚者，困也；先暴而后畏其众者，不精之至也；来委谢者，欲休息也。兵怒而相迎，久而不合，又不相去，必谨察之。

兵非贵益多也，惟无武进，足以并力、料敌、取人而已。夫惟无虑而易敌者，必擒于人。

卒未亲附而罚之，则不服，不服则难用也；卒已亲附而罚不行，则不可用也。故令之以文，齐之以武，是谓必取。令素行以教其民，则民服；令素不行以教其民，则民不服。令素行者，与众相得也。

译文

孙子说：凡在不同地形上部署军队和观察判断敌情，应当在通过山地时选择有水草的溪谷穿行，应当在居高向阳的地方驻扎，不应当仰攻敌人占领的高地，这就是在山地部署军队的方法。我横渡江河，应当远离水流驻扎。敌渡水来战，不要在水中迎击，要等它渡过一半时再攻击，这样最为有利。如果要同敌人决战，不要紧靠水边列阵；在江河地带扎营，也要居高向阳，切不可处于敌人的下游，这就是在水网地带部署军队的方法。路经盐碱沼泽地带，要迅速通过，不要逗留；如果同敌军在盐碱沼泽地带遭遇，必须傍依水草而背靠树林，这就是在盐碱沼泽地带上部署军队的方法。在平原上应占领开阔地域，而主要侧翼要依托高地，前低后高，这就是在平原地带部署军队的方法。以上四种利用地形的方法，就是黄帝之所以能战胜其他四周部落的原因。

大凡驻军总是喜欢干燥的高地，避开潮湿的洼地；重视向阳之处，避开阴暗之地；靠近水草地区，军需供应充足，将士百病不生，这样就有了胜利的保证。在丘陵堤防行军，必须占领它向阳的一面，并把主要侧翼背靠着它。这些对于用兵有利的措施，是利用地形作为辅助条件的。

上游下雨，洪水突至，禁止徒涉，应等待水流稍平稳后再行动。

通过"天涧"、"天井"、"天牢"、"天罗"、"天陷"、"天隙"，必须迅速离开，不要接近。我们应远离这种地形，让敌人去靠近它；我们应面向这种地形，而让敌人去背靠它。

军队两旁遇到有险峻的隘路、湖沼、水网、芦苇、山林和草木茂盛的地方，必须谨慎地反复搜索，这些都是敌人可能设下埋伏或者隐蔽侦察的地方。

敌人逼近而安静的，是依仗它占领险要地形；敌人离我很远而来挑战的，是想诱我前进；敌人之所以驻扎在平坦的地方而弃险不守，是因为对它有某种好处。

许多树木摇动，是敌人隐蔽前来；草丛中有许多遮障物，是敌人布下的疑阵；群鸟惊飞，是下面有伏兵；野兽骇奔，是敌大举突袭；尘土高而尖，是敌人的战车驰来；尘土低而宽广，是敌人的步兵开进；尘土疏散飞扬，是敌人正在砍柴曳柴；尘土少而时起时落，是敌人正在扎营。

敌人使者措辞谦卑却又在加紧战备的，是准备进攻；措辞强硬而军队又做出前进姿态的，是准备撤退；轻车先出动，部署在两翼的，是在布列阵势；敌人尚未受挫而来讲和的，是另有阴谋；敌人急速奔跑并排兵布阵的，是企图约期同我决战；敌人半进半退的，是企图引诱我军。

敌兵倚着兵器站立的，是饥饿的表现；供水的士兵打水先自己喝，是干渴的表现；敌人见利而不进兵争夺的，是疲劳的表现；敌人营寨上集聚鸟雀的，下面是空营；敌人夜间惊叫的，是恐慌的表现；敌营惊扰纷乱的，是敌将没有威严的表现；旗帜摇动不整齐的，是敌人队伍已经混乱；敌军军官易怒的，是全军疲倦的表现；用粮食喂马，杀牲口吃肉，丢弃吃饭喝水的器皿，不返回营舍的，是准备拼死作战的穷寇；低声下气同部下讲话的，是敌将失去了人心；不断犒赏士卒的，表明敌军陷入窘境；不断处罚部属的，表明敌军处于困境；先强暴然后又害怕部下的，是最不精明的将领；派来使者送礼言好的，是敌人想休兵息战；敌人逞怒同我对阵，但久不交锋又不撤退的，必须谨慎地观察它的企图。

打仗不在于兵力多就好，只要不轻敌冒进，并集中兵力，判明敌情，取得部下的拥戴，也就足够了。那种既无深谋远虑而又轻敌的人，必定会被敌人所俘虏。

士卒还没有亲近依附就执行惩罚，那么他们会不服，不服就很难使用。士卒已经亲近依附，如果仍不执行军纪军法，也不能用来作战。所以要用说服教育的手段使他们自觉顺从，用法规惩罚的手段使他们畏惧服从，这样就必能取得部下的敬畏和拥戴。平时严格贯彻条令，管教士卒，士卒就能养成服从的习惯；平时不严格贯彻条令，不管教士卒，士卒就会养成不服从的习惯。平时命令能够贯彻执行的，这表明将帅同部属之间相处融洽。

地形篇第十

原文：

孙子曰：地形有通者、有挂者、有支者、有隘者、有险者、有远者。我可以往，彼可以来，曰通。通形者，先居高阳，利粮道，以战则利。可以往，难以返，曰挂。挂形者，敌无备，出而胜之，敌若有备，出而不胜，难以返，不利。我出而不利，彼出而不利，曰支。支形者，敌虽利我，我无出也，引而去之，令敌半出而击之，利。隘形者，我先居之，必盈之以待敌。若敌先居之，盈而勿从，不盈而从之。险形者，我先居之，必居高阳以待敌；若敌先居之，引而去之，勿从也。远形者，势均难以挑战，战而不利。凡此六者，地之道也，将之至任，不可不察也。

凡兵有走者、有驰者、有陷者、有崩者、有乱者、有北者。

凡此六者，非天地之灾，将之过也。夫势均，以一击十，曰走；卒强吏弱，曰弛；吏强卒弱，曰陷；大吏怒而不服，遇敌怼而自战，将不知其能，曰崩；将弱不严，教道不明，吏卒无常，陈兵纵横，曰乱；将不能料敌，以少合众，以弱击强，兵无选锋，曰北。凡此六者，败之道也，将之至任，不可不察也。

夫地形者，兵之助也。料敌制胜，计险厄远近，上将之道也。知此而用战者必胜，不知此而用战者必败。

故战道必胜，主曰无战，必战可也；战道不胜，主曰必战，无战可也。故进不求名，退不避罪，唯人是保，而利合于主，国之宝也。

视卒如婴儿，故可与之赴深溪；视卒如爱子，故可与之俱死。厚而不能使，爱而不能令，乱而不能治，譬若骄子，不可用也。

知吾卒之可以击，而不知敌之不可击，胜之半也；知敌之可击，而不知吾卒之不可以击，胜之半也；知敌之可击，知吾卒之可以击，而不知地形之不可以战，胜之半也。故知兵者，动而不迷，举而不穷。故曰：知彼知己，胜乃不殆；知天知地，胜乃可全。

译文：

孙子说：地形有"通形"、"挂形"、"支形"、"隘形"、"险形"、"远形"六种。我们可以去、敌人可以来的地域叫做"通形"。在"通形"地域上，应先占领视界开阔的高地，保持粮道畅通，这样作战就有利。可以前出，难以返回的地域叫做"挂形"。在"挂形"地域上，如果敌人没有防备，就可以突然出击而战胜它；如果敌人有防备，出击又不能取胜，难以返回，就不利了。我军前出不利，敌军前出也不利的地域叫做"支形"。在

"支形"地域上，敌人虽然以利诱我，也不要出击，而应率军假装败走，诱使敌人出来一半时再回兵攻击，这样就有利。在"隘形"地域上，我们应先敌占领隘口，并用重兵据守隘口，以等待敌人的到来。如果敌人先占领隘口，并用重兵据守隘口，就不要去打；如果敌人没有用重兵封锁隘口，则可以去打。在"险形"地域上，如果我军先敌占领，必须控制视界开阔的高地，以等待敌人来犯；如果敌人先占领，就应引兵撤退，不要去打它。在"远形"地域上，双方地势均同，不宜挑战，勉强求战，就不利。以上六条，是利用地形的原则。这是将帅的重大责任所在，不可不认真考察研究。

军事上有"走"、"弛"、"陷"、"崩"、"乱"、"北"等六种必败的情况。这六种情况，不是天时地理的灾害，而是将帅的过错造成的。凡是地势均同而以一击十的，必然败逃，叫做"走"。士卒强悍，军官懦弱的，叫做"弛"。军官强悍，士卒懦弱的，叫做"陷"。偏将怨怒而不服从指挥，遇到敌人擅自率军出战，主将又不了解他们的能力，叫做"崩"。将帅懦弱又无威严，治军没有章法，官兵关系混乱紧张，布阵杂乱无章，叫做"乱"。将帅不能正确判断敌情，以少击众，以弱击强，手中又没有掌握精锐部队，叫做"北"。以上六种情况，是造成失败的原因，是将帅重大责任之所在，不可不认真考察研究。

地形是用兵的辅助条件。判断敌情，为夺取胜利，考察地形险易，计算道路远近，这是高明的将领必须掌握的方法。懂得这些道理去指挥作战的，必然会胜利；不懂得这些道理去指挥作战的，必然会失败。

遵照战争指导规律分析，战略上需要并有必胜把握，即使国君不敢下决心打，坚持打是可以的。遵照战争指导规律分析，没有必胜把握的，即使国君说一定要打，不打也是可以的。进不企求战胜的名声，退不回避违命的罪责，只求保全民众符合国君的利益，这样的将帅，才是国家的宝贵财富。

对待士兵像对婴儿，士兵就可以跟他共赴患难；对待士兵像对爱子，士兵就可以跟他同生共死。对士兵厚待而不使用，溺爱而不教育，违法而不惩治，那就好像娇惯坏的子女一样，是不能用来作战的。

只了解自己的部队能打，而不了解敌人不可以打，胜利的可能性只有一半；了解敌人可以打，而不了解自己的部队不能打，胜利的可能性也只有一半；了解敌人可打，也了解自己的部队能打，而不了解地形不利于作战，胜利的可能性也只有一半。所以懂得用兵的人，他行动起来决不会迷惑，他的战术变化不致困窘。所以说，了解对方，了解自己，争取胜利就不会有危险；懂得天时，懂得地利，胜利就可保万全。

九地篇第十一

原文：

孙子曰：用兵之法，有散地，有轻地，有争地，有交地，有衢地，有重地，有圮地，有围地，有死地。诸侯自战其地者，为散地；入人之地不深者，为轻地；我得亦利，彼得亦利者，为争地；我可以往，彼可以来者，为交地；诸侯之地三属，先至而得天下之众者，为衢地；入人之地深，背城邑多者，为重地；山林、险阻、沮泽，凡难行之道者，为圮地；所由入者隘，所从归者迂，彼寡可以击吾之众者，为围地；疾战则存，不疾战则亡者，为死地。是故散地则无战，轻地则无止，争地则无攻，交地则无绝，衢地则合交，重地则掠，圮地则行，围地则谋，死地则战。

所谓古之善用兵者，能使敌人前后不相及，众寡不相恃，贵贱不相救，上下不相收，卒离而不集，兵合而不齐。合于利而动，不合于利而止。敢问："敌众整而将来，待之若何？"曰："先夺其所爱，则听矣。"

兵之情主速，乘人之不及，由不虞之道，攻其所不戒也。

凡为客之道，深入则专。主人不克，掠于饶野，三军足食。谨养而勿劳，并气积力，运兵计谋，为不可测。投之无所往，死且不北。死焉不得，士人尽力。兵士甚陷则不惧，无所往则固，深入则拘，不得已则斗。是故其兵不修而戒，不求而得，不约而亲，不令而信，禁祥去疑，至死无所之。吾士无余财，非恶货也；无余命，非恶寿也。令发之日，士卒坐者涕沾襟，偃卧者涕交颐，投之无所往，诸、刿之勇也。

故善用兵者，譬如率然。率然者，常山之蛇也。击其首则尾至，击其尾则首至，击其中则首尾俱至。敢问："兵可使如率然乎？"曰："可。"夫吴人与越人相恶也，当其同舟而济，遇风，其相救也如左右手。是故方马埋轮，未足恃也；齐勇如一，政之道也；刚柔皆得，地之理也。故善用兵者，携手若使一人，不得已也。

将军之事，静以幽，正以治。能愚士卒之耳目，使之无知；易其事，革其谋，使人无识；易其居，迂其途，使人不得虑。帅与之期，如登高而去其梯，帅与之深入诸侯之地，而发其机，焚舟破釜，若驱群羊，驱而往，驱而来，莫知所之。聚三军之众，投之于险，此谓将军之事也。

九地之变，屈伸之利，人情之理，不可不察。

凡为客之道，深则专，浅则散。去国越境而师者，绝地也；四通者，衢地也；入深者，重地也；入浅者，轻地也；背固前隘者，围地也；无所往者，死地也。

是故散地吾将一其志，轻地吾将使之属，争地吾将趋其后，交地吾将谨其守，衢地吾将固其结，重地吾将继其食，圮地吾将进其途，围地吾将塞其阙，死地吾将示之以不活。

故兵之情，围则御，不得已则斗，过则从。

是故不知诸侯之谋者，不能预交；不知山林、险阻、沮泽之形者，不能行军；不用乡导者，不能得地利。四五者不知一，非霸王之兵也。夫霸王之兵，伐大国，则其众不得聚；威加于敌，则其交不得合。是故不争天下之交，不养天下之权，信己之私，威加于敌，则其城可拔，其国可隳。施无法之赏，悬无政之令，犯三军之众，若使一人。犯之以事，勿告以言；犯之以利，勿告以害。

投之亡地然后存，陷之死地然后生。夫众陷于害，然后能为胜败。

故为兵之事，在于顺详敌之意，并敌一向，千里杀将，是谓巧能成事也。是故政举之日，夷关折符，无通其使，厉于廊庙之上，以诛其事。敌人开阖，必亟入之，先其所爱，微与之期，践墨随敌，以决战事。是故始如处女，敌人开户；后如脱兔，敌不及拒。

译文：

孙子说：按照用兵的原则，兵要地理可分为"散地"、"轻地"、"争地"、"交地"、"衢地"、"重地"、"圮地"、"围地"、"死地"。诸侯在本国境内作战的地区，叫做"散地"。在敌国浅近纵深作战的地区，叫做"轻地"。我军得到有利，敌军得到也有利的地区，叫做"争地"。我军可以去，敌军也可以去的地区，叫做"交地"。多国交界的地区，先到就可以得到诸侯列国援助的地区，叫做"衢地"。深入敌境，背后有众多敌人城邑的地区，叫做"重地"。山林、险阻、沼泽等难于通行的地区，叫做"圮地"。进军的道路狭隘，退归的道路迂远，敌军能够以劣势兵力打击我方优势兵力的地区，叫做"围地"。迅速奋勇作战就能生存，不迅速奋勇作战就会全军覆灭的地区，叫做"死地"。因此在"散地"，不宜作战；在"轻地"，不宜停留；遇"争地"，不要贸然进攻；逢"交地"，行军序列不要断绝；在"衢地"，则应结交诸侯；深入"重地"，就要掠取军需物资；遇到"圮地"，就要迅速通过；陷入"围地"，就要巧于谋划；置于"死地"，就要奋勇作战，死里求生。

古时善于用兵的人，能使敌人前后部队无法相互策应，主力部队和小部队不能相互依靠，官兵之间不能相互救援，上下不能相互照应，士卒溃散难以集中，交战队形混乱不齐。对我有利就行动，对我不利则停止行动。请问：假如敌军人数众多且又阵势严整地向我开来，该用什么办法来对付呢？回答是：先夺取对于敌人利益来说最为关键的东西，就能使它不得不听从我的摆布了。

用兵之理，贵在神速，乘敌人措手不及的时机，走敌人意料不到的道路，攻击敌人于没有戒备的状态。

进入敌国境内作战的一般规律是，越是深入敌境，军心士气就越牢固，敌人越不能战胜我军。在丰饶的田野上掠取粮草，全军就会有足够的给养；注意休整减少疲劳，鼓舞士气积聚力量；部署兵力，巧设计谋，使敌人无法判断我军意图。把部队置于无路可走的绝境，士兵就会死而不退。既然士兵死都不怕，怎么能不尽全力而战呢？士兵深陷危险的境地反而不会恐惧，无路可走时军心反而会稳固，深入敌国军队反而不会涣散，到了迫不得已的时候士兵就会殊死搏斗。所以，处在这种情况下的军队，不用整治就会加强戒备，不用要求就会完成好任务，不用约束就会彼此团结，不用严令就会遵守纪律，再加上禁止迷信消除疑虑，他们至死也不会逃避。我军士兵没有多余的财物，并不是他们厌恶财物；不贪生怕死，并不是他们厌恶长寿。当作战命令下达的时候，士兵们坐着的泪湿衣襟，躺着的泪流满面。然而，一旦把他们投到无路可走的绝境，就会像专诸和曹刿一样勇敢。

善于用兵作战的将帅，能使部队行动像"率然"一样。"率然"就是常山上的一种蛇。打它的头，尾就来救；打它的尾，头就来救；打它的腰，头尾都会来救。请问：能够使部队像"率然"那样吗？回答是：可以。吴国人与越国人虽然互相仇视，但当同舟共济的时候，也会相互救助，团结得像一个人的左右手那样。所以，想用缚住马匹、深埋车轮的方法，显示死战的决心来稳定部队，是靠不住的。要使部队上下齐力同勇如一人，在于管理教育有方。要使作战刚柔皆得，是充分利用地形的结果。所以善于用兵的人，能使全军携起手来像一个人一样，这是因为客观形势迫使部队不得不这样。

统帅军队，要冷静而深隐，公正而严明。要能蒙蔽士兵的视听，不让他们知道他们不该知道的事情；变更作战部署，改变原定计划，使人们无法识破作战意图；经常改换驻地，故意迂回行进，使人们无法做出推测。主帅给部属下达任务，并断其退路，就像登高后抽去梯子一样；主帅令士兵深入诸侯国内，就像击发弩机射出的箭矢一样，一往无前。对士兵要像驱赶羊群一样，驱过来，赶过去，而他们却不知究竟要到哪里去。聚集全军，置于险境，这就是统帅军队要做的事情。九种地形的不同处置，攻防进退的利害得失，官兵上下的不同心理状态，这些都是将帅不能不认真研究和考察的问题。

进攻作战规律是：进入敌国境内越深，军队的聚集力就越强；进入敌国境内越浅，军队就越容易涣散。离开本国进入敌境作战的地区为"绝地"，四通八达的地区为"衢地"，深入敌国纵深的地区为"重地"，进入敌国浅近纵深的地区为"轻地"，背后有险地前面有隘路的地区为"围地"，无路可走的地区为"死地"。因此，在"散地"上，我要统一军队的意志；在"轻地"上，我要使军队绝对服从管制；在"争地"上，我要使后续部队尽快跟上；在"交地"上，我要谨慎防守；在"衢地"上，我要巩固与邻国的联盟；在"重地"上，我要继续补充粮食；在"圮地"上，我要迅速通过；在"围地"上，我要堵塞受敌威胁的缺口；在"死地"上，我要显示决一死战的信念。

所以，士兵们通常的心理反应是，被包围时会坚决抵抗，迫不得已时会拼死战斗，深陷危境时会听从指挥。

不了解各诸侯国的战略图谋，就不要与之结交；不熟悉山林、险阻、湖沼等地形，就不能行军；不使用向导，就不能得到地利。这几方面，有一方面不了解，都不能成为王、霸的军队。凡是王、霸的军队，进攻大国就能使敌方的军民不能够聚集抵抗；兵威加在敌人头上，就能使它的盟国不能配合策应。因此，不必争着同天下诸侯结交，也不必在各诸侯国培植自己的势力，只要发展并坚信自己强大的实力，把威力加在敌人的头上，就可以拔取敌人的城池，毁灭敌人的国家。施行超越惯例的奖赏，颁布打破常规的号令，指挥全军就如同指挥一个人一样。赋予作战任务，但不告诉其中的意图。让士兵去夺利，不告诉他们有危险。

把部队投入亡地后方可保存；当部队陷于死地后方可生还。这是因为，当军队陷于非常危险的境地时，反而有可能转败为胜。

所以，从事战争，在于谨慎地观察敌人的意图，集中兵力于主攻方向，千里奔袭，斩杀敌将，这就是所谓通过巧妙用兵而达成制胜目的的做法。

因此，决定战争行动的时候，就要封锁关口，销毁通行证件，不许敌国使者来往；在庙堂再三谋划，做出战略决策。敌方一旦出现间隙，就要迅速乘虚而入。首先夺取敌人的战略要地，但不要轻易约期决战。破除成规，因敌变化，灵活决定自己的作战行动。因此，战争开始之前要像处女那样沉静，诱使敌人戒备松懈，暴露弱点；战争展开之后，要像脱逃的野兔一样迅速行动，使敌措手不及。

火攻篇第十二

原文：

孙子曰：凡火攻有五：一曰火人，二曰火积，三曰火辎，四曰火库，五曰火队。行火必有因，烟火必素具。发火有时，起火有日。时者，天之燥也。日者，月在箕、壁、翼、轸也。凡此四宿者，风起之日也。

凡火攻，必因五火之变而应之：火发于内，则早应之于外；火发而兵静者，待而勿攻，极其火力，可从而从之，不可从而止。火可发于外，无待于内，以时发之，火发上风，无攻下风，昼风久，夜风止。凡军必知有五火之变，以数守之。

故以火佐攻者明，以水佐攻者强。水可以绝，不可以夺。

夫战胜攻取而不修其功者，凶，命曰"费留"。故曰：明主虑之，良将修之。非利不动，非得不用，非危不战。主不可以怒而兴师，将不可以愠而致战。合于利而动，不合于利而止。怒可以复喜，愠可以复悦；亡国不可以复存，死者不可以复生。故明君慎之，良将警之。此安国全军之道也。

译文：

孙子说：火攻的形式有五种：一是火烧敌军的人，二是火烧敌军的军需物品，三是火烧敌军的辎重，四是火烧敌军的仓库，五是火烧敌军的粮道。实施火攻必须有一定的条件，这些条件必须平时有所准备。放火要看准天时，起火要看准日子。天时是指气候干燥的时节。日子是指月亮运行经过箕、壁、翼、轸四个星宿的时候。月亮经过这四个星宿的时候，便是起风之日。

凡是火攻，必须根据这五种火攻所引起的不同变化，灵活地派兵接应。从敌营内部放火，就要及时派兵从外部接应。火已经烧起但敌营仍然保持镇静，应持重等待，不可贸然进攻，应根据火势情况，可攻则攻，不可攻则止。火可以从外面放，就不必等待内应了，只要适时放火就行。从上风放火时，不可从下风进攻。白天风刮久了，夜晚就容易停止。军队必须懂得灵活运用这五种火攻形式，并等待放火的时日条件具备时实施火攻。

用火辅助军队进攻，效果明显；用水辅助军队进攻，可以使攻势加强。水可以把敌军分割隔绝，但不能焚毁敌军的军需物资。

凡是打了胜仗，夺取了土地城池，而不能巩固战果的，则很危险，这就叫做浪费钱财的"费留"。所以说，明智的国君要慎重地考虑这个问题，贤良的将帅要认真地处理这个问题。没有利的时候不可行动，没有得胜把握的时候不能用兵，不到十分危险的时候不能致战。国君不可因一时愤怒而发兵，将帅不可因一时气愤而求战。符合国家利益时才行动，不符合国家利益时就停止。愤怒还可以重新变为欢喜，气愤还可以重新变为高兴；国亡了就不能复存，人死了就不能复生。所以，对于战争，明智的国君要慎重，贤良的将帅要警惕，这是安定国家和保全军队的重要原则。

用间篇第十三

原文：

孙子曰：凡兴师十万，出征千里，百姓之费，公家之奉，日费千金。内外骚动，怠于道路，不得操事者，七十万家。相守数年，以争一日之胜，而爱爵禄百金，不知敌之情者，不仁之至也，非民之将也，非主之佐也，非胜之主也。故明君贤将所以动而胜人，成功出于众者，先知也。先知者，不可取于鬼神，不可象于事，不可验于度，必取于人，知敌之情者也。

故用间有五：有乡间，有内间，有反间，有死间，有生间。五间俱起，莫知其道，是谓神纪，人君之宝也。乡间者，因其乡人而用之；内间者，因其官人而用之；反间者，因其敌间而用之；死间者，为诳事于外，令吾间知之而传于敌间也；生间者，反报也。

故三军之事，莫亲于间，赏莫厚于间，事莫密于间，非圣智不能用间，非仁义不能使间，非微妙不能得间之实。微哉微哉！无所不用间也。间事未发而先闻者，间与所告者兼死。

凡军之所欲击，城之所欲攻，人之所欲杀，必先知其守将、左右、谒者、门者、舍人之姓名，令吾间必索知之。

必索敌人之间来间我者，因而利之，导而舍之，故反间可得而用也；因是而知之，故乡间、内间可得而使也；因是而知之，故死间为诳事，可使告敌；因是而知之，故生间可使如期。五间之事，主必知之，知之必在于反间，故反间不可不厚也。

昔殷之兴也，伊挚在夏；周之兴也，吕牙在殷。故明君贤将，能以上智为间者，必成大功。此兵之要，三军之所恃而动也。

译文：

孙子说：凡是兴兵十万，出征千里，百姓的耗费，公家的开支，每天要花费千金；前后方动乱不安，士卒奔波疲惫，不能从事正常耕作的有七十万家。双方相持数年，是为了决胜于一旦，如果吝惜爵禄和金钱，不肯用来重用间谍，以致不能了解敌情而导致失败，那就是不仁到了极点。这种人不配做军队的统帅，算不上是国君的辅佐，也不可能是胜利的获得者。明君、贤将，其所以一出兵就能战胜敌人，得到的成功超出众人，就在于先知。要先知，不可求鬼神臆测，不可靠象数占卜，不可观天象推卦，必须依靠人，依靠那些了解敌人情况的人。

间谍运用的方式有五种："乡间"、"内间"、"反间"、"死间"、"生间"。五种间谍同时都使用起来，使敌人莫知我用间的规律，这乃是使用间谍神妙莫测的方法，是国君胜敌的法宝。所谓"乡间"，是利用敌国乡人做间谍。所谓"内间"，是利用敌方官吏做间谍。所谓"反间"，是利用敌方间谍为我所用。所谓"死间"，就是制造假情报，并通过潜入敌营的我方间谍传给敌间，使敌军受骗，一旦真情败露，我方间谍不免被处死。所谓"生间"，是探知敌人情报后能够生还的人。

所以在军队的人事关系中，没有比间谍更亲近的，奖赏没有比间谍更优厚的，事情没有比间谍更秘密的。不是圣贤之人不能使用间谍，不是仁义之人不能指使间谍，不是精细之人不能辨别间谍提供情报的真伪。微妙呀，微妙！无时无处不在使用间谍。用间的事情尚未实施，先被泄露出去，那么间谍和听到秘密的人都要被处死。

凡是要攻打敌方军队，要攻占敌方城堡，要刺杀敌方官员，必须预先知道其主管将领、左右亲信、传事官员、守门官吏和门客幕僚的姓名，命令我方间谍必须探查清楚。

必须搜查出前来侦察我军的敌方间谍，加以收买，再行劝导，然后放回去，这样我可将其作为"反间"而用了。由于使用了"反间"，这样"乡间"、"内间"就可以为我所用了；由于使用了"反间"，这样就能使"死间"传假情报给敌人；由于使用了"反间"，就可以使"生间"按预定时间回报敌情。五种间谍的使用，君主都必须了解掌握。了解情况关键在于使用"反间"，所以对"反间"不可不给予优厚待遇。

从前商朝的兴起，在于伊挚曾经在夏为间，了解夏朝内情；周朝的兴起，在于姜尚曾经在商为间，了解商朝的内情。所以明智的国君，贤能的将帅，能用高超智慧的人做间谍，必成大功。这是用兵重要之处，整个军队都要倚重于它来行动。

附录二

柏举之战军事思想解析

《史记·孙子吴起列传》记载，"（吴国）西破强楚，入郢，北威齐晋，显名诸侯，孙子与有力焉。"吴国向西击败了强敌楚国，攻入了楚国的都城郢，威名远扬北方的齐、晋，显名诸侯，孙武给予了有力的辅佐。这一战就是被誉为"东周时期第一场大规模战争"的柏举之战。孙武作为吴军主将，亲自指挥了这场战争。这也是史料记载的孙武参与指挥的唯一一次作战行动。孙武是怎样把他的兵法思想运用于实战指挥之中，取得以少胜多的辉煌胜利呢？我们来一探究竟。

一 战争的背景

春秋时期，周王室走向衰落，各诸侯国为了争夺土地，互相讨伐兼并，混战厮杀。这时候，南方的楚国借机发展壮大，首先灭亡江汉流域许多小国，后来侵入淮水流域。它先后吞灭四十五个诸侯国，是当时疆土最大的国家。楚国是华夏诸侯的劲敌，经常攻伐中原，要不是齐、晋两国抵抗，东周王室是很危险的。

楚国在南方称霸多年，吴国一个新兴的国家，它为什么要攻打楚国呢？第一，政治上，晋国为了防止楚国在南方坐大，因此大力扶持和帮助吴国，让它扰乱楚的后方。吴国得到晋国的支持快速发展起来，自然要扛起反楚急先锋的大旗。因此吴、楚两个国家分属两大阵营，在政治上互相敌对。第二，地缘上，吴国东临东海，南北无强敌，只有西边，无时无刻不在强楚的威胁之下，这就决定了吴国的主要战略方向只能是向西。第三，就是韬略过人、雄心勃勃的阖闾夺取王位后，在孙武、伍子胥等一批能人的辅佐下，他也想建立一番霸业。第一步就要战胜楚国，夺取江淮地区的霸权。从公元前 584 年到公元前 514 年的 70 年间，双方先后发生过十次大规模的战争。

二　战争的前奏

分析战前的斗争形势，总体上是楚强吴弱，对吴国不利。首先在综合国力方面，吴不如楚。从楚庄王饮马黄河问鼎中原算起，到此战，楚国已在南方称霸近百年，地广人众，国大力强。而吴国是新兴的国家，从寿梦称王后开始快速发展，到这时候不过短短 40 来年，综合国力还远不如楚国。其次是双方兵力悬殊。楚军总兵力 20 万，吴军总兵力只有 3 万，仅与小国郑国的兵力相当。双方兵力比接近 7∶1，相差很远。再考虑到"守则不足，攻则有余"（《形》）的原则，即兵力有余方可进攻，那么吴国无论如何是不能主动出击的。再次是敌国环伺，周围都是不友好的国家。吴国的邻居，钟离、巢和舒是楚国的属国，钟吾、徐国及越国，是楚国的盟友。一旦出兵，钟吾、徐国南下有截断吴军后路之危险，越国北上有直捣国都姑苏的危险。所以可说是螳螂捕蝉，黄雀在后，空国远征必有后顾之忧。最后是地理条件有利于楚国。楚国北拥淮河，南据长江天险，东北部是连绵数千里的桐柏山、大别山，都是护卫楚国的天然屏障。其都城郢（今湖北江陵）位于汉江以西，有群山环绕、汉水阻隔，易守难攻。面对这样不利的局面，吴国采取了什么办法来扭转形势呢？

这就要提到一个重要人物——伍子胥，他当时担任吴国大夫，是吴王阖闾的重臣。他向吴王阖闾进献了一个三师肆楚的妙计："楚执政众而乖，莫适任患。若为三师以肆焉，一师至，彼必皆出，彼出则归，彼归则出，楚必道敝。亟肆以罢之，多方以误之，既罢而后以三军继之，必大克之。"（《左传》）翻译过来大意是：楚国执政者众多，但意见不统一，不知道该听谁的。你说往东我说往西，达不成一致。我们把兵力分为三部分轮番袭扰它，不停调动楚军，使它的军队在来回奔波中疲惫消耗，从多个方向骚扰，使它产生战略误判。等它战斗力削弱后，我们就全军出动，长驱直入，一定能打败楚国！

战略方针既定，接下来就要付诸实施。公元前512年，孙武和伍子胥带兵前去讨伐北方的钟吾和徐。钟吾国小民贫，不堪一击。紧接着，攻打徐国。徐国比较大，跟楚国是盟友，楚国不能眼睁睁看着徐国被灭，放任吴国壮大，于是派沈尹戍带兵解徐之围。徐王室逃亡至夷、养。第二年，一场"三师肆楚"的大戏上演了。吴国首先派出三分之一军攻打夷、养，楚国仍派沈尹戍带兵前往相救，吴军不与楚军交战，而是调转兵锋，向南攻克六、潜，再次调动楚军南下后，班师回朝。楚军在南岗建立防御部署。接着，吴国派出三分之一又一军攻弦，将沈尹戍由南岗调出后，再次班师回朝。同时，吴国派出三分之一另一军，攻打夷、养，沈尹戍分身乏术，来不及前往相救，就这样吴国终于灭掉了徐国。楚军就这样白白兜了一大圈，徐国没有保住，一点战果也没有获得。

吴国就这样持续不断地削弱楚国，长达 6 年之久。据《左传》记载："楚自昭王即位，无岁不有吴师。"《吴越春秋》记载："而吴侵境，楚国群臣有一朝之患。"6 年里，吴国伐灭了钟吾和徐国，讨伐越国，把楚国在淮水流域和大别山以东的战略要地据为己有，不断削弱敌人，壮大自己，军队也在实战中得到了锻炼。这期间，吴王阖闾一度想兴兵伐楚，孙武却劝阻了吴王的战事要求，他说："民劳未可，且待之。"我方虽然积累了一定优势，但百姓疲惫，兵力分散，因此还不能攻打楚国，要继续等待时机。

从战争前奏阶段来看，主要体现出以下军事思想：首先是战略上，面对强敌，不急于决战，而是采取谨慎的态度，积极进行战争准备。出兵伐灭钟吾和徐国，讨伐越国，逐步剪除楚国的羽翼，解除攻楚的后顾之忧。把楚国在淮水流域和大别山以东的战略要地据为己有，为攻打楚国建立桥头堡。积极备战、解除后患、蚕食楚地、持重待机，这些行动归结起来，就体现了"先胜"的思想，这也是孙子兵法战略思想的精髓。原文是："胜兵先胜而后求战，败兵先战而后求胜。"(《形》) 也就是说，能够获得胜利的军队，大多是具备了获胜的条件之后，再去寻找敌人交战；而战败的军队则大多是在没有获胜把握的情况下仓促交战，企图在作战中去谋求侥幸的胜利，这样多半是要吃败仗。吴国这样积极主动而且耐心细致地进行战争准备，就是不打无准备之仗、不打无把握之仗。不战则已，战则必胜。

在策略上，作为劣势一方，抓住楚国"执政众而乖，莫适任患"的弱点，采取"三师肆楚"的方式，扭转不利形势。兵法言："敌佚能劳之，饱能饥之，安能动之。"(《虚实》) 在敌人休息时使之疲劳,在敌人粮食充足时使之饥饿,在敌人驻扎安稳时使之移动。"凡先处战地而待敌者佚,后处战地而趋战者劳。"（《虚实》）两军相争,谁先到达战场,预有充分准备,谁就会处于实而有利的主动地位;反之,后到达战场的一方,被迫仓促应战,谁就会处于虚而不利的被动地位。吴军"攻其所必救",来回不断地调动楚军,又不与楚军正面交锋,保存了实力。而且前方的三分之一军队接受实战锻炼,增长战争经验,后方三分之二的部队则在家休整,整支部队的战斗力越来越强。相反,楚军摸不清吴军的意图,以防万一每次都是全军出动,这边刚把吴军赶走,那边又开始报警,刚刚回家,饭碗还没端起来,那边村头又敲钟集合,被调动得疲于奔命,整支部队疲惫不堪,人心涣散,战斗力只会越来越弱。

三　战争的实施

吴国接下来的棘手问题,就是何时出兵,如何完成战场机动了。虽然经过战争准备,楚国被削弱了,但它的实力仍然不可小觑,孙武劝告吴王阖闾等待时机,什么时机合适呢?再就是,吴楚两地距离遥远,姑苏至郢都直线距离大约 821 公里。而且地形不利,楚国在上游,吴国在下游,等于是从低处往高处打,不占地利。再加上出境作战,敌情复杂。如此艰巨的战场机动任务怎么完成呢?

公元前 506 年,楚国跟盟友唐、蔡两国闹翻了,并且发兵围攻蔡国,蔡、唐两国被迫与吴国结盟。这两个国家,本来是楚国的盟友,而且是拱卫楚国的屏障,现在与楚国决裂了。常言道,堡垒最容易从内部攻克。这不是等待已久的好时机吗?于是吴国

动手了。阖闾借救蔡之名，出动全国之兵，摆出一副救蔡的架
势。楚令尹囊瓦见吴军前来救蔡，立刻解围而归。楚军撤退了，
吴军却没走。这样，吴国就以救蔡为幌子，成功地掩盖了自己的
真实企图，而且前推了部署，完成了第一阶段的战场机动。

楚军撤兵以后，吴军继续前进。吴军面临两个选择：一个是
继续走水路，从淮河绕道汉水，好处是能保留优势兵种舟兵，坏
处是距离远，且有楚军重重设防；另一个是出奇走山路，好处是
距离近，楚国疏于防备，缺点是要舍弃舟船，舟兵当成步兵用。
怎么选？所谓正兵挡敌，奇兵制胜。吴军没有继续走水路，而是
改走山路。在州来、淮瑞舍舟登陆，悄悄潜入大别山和桐柏山，
沿楚军疏于防备的山路向大隧、直辕、冥厄三道险关急速开进，
直抵汉水东岸，如同神兵天降，一下子就到了楚国的家门口。囊
瓦得知三国联军通过三关到达汉水东岸，于是紧急在汉水以西布
防，两军隔江对峙。

看似不可完成的战场机动，硬是让吴军完成了！体现了什么
军事思想呢？就是"出其不意，攻其无备"（《计》），这是《孙
子兵法》谋略思想的精髓。看看吴军攻楚的路线，不禁让人想到
二战初期德军闪击西欧的曼施坦因计划。德军主力 A 集团军群没
有沿英吉利海峡兜击法国，而是取捷径穿越地形崎岖的阿登高
地，像一把镰刀一样把法兰西拦腰截断，仅用了 1 个月便迫使法
国人投降。不知道曼施坦因是否知道，这一招孙武早在 2500 多
年前就已经用过了。

《孙子兵法》之《九地》篇中有一句话，就像是对这次行动
的完美注解："故为兵之事，在于顺详敌之意，并敌一向，千里
杀将，是谓巧能成事也。"意思是说，打仗的事，在于假装顺从
敌人的意图，却暗地里集中兵力，朝一个方向进攻，长驱千里，

杀其将领，这就是所谓巧妙成大事。这里的巧，就是奇、诈，在军事上常常叫做隐真示假，采取佯攻、牵制、伪装等手段，制造假象，隐蔽己方的真实意图，给敌人造成错觉，诱导其做出错误的决策，走上失败的道路；这时我方再以有利态势，乘虚捣隙，出奇制胜。

我们回到柏举之战中来，继续看看与楚军决战的一系列作战行动。

吴军成功抵达楚国腹地，离楚都郢近在咫尺，两军隔江对峙。此时，楚军左司马沈尹戌向令尹囊瓦建议，鉴于楚军分散各地尚未集结（楚经常在方城、城父、叶邑驻有重兵，以防卫其北疆边界），易被吴军各个击破，且吴军孤军深入、不占地利，建议由囊瓦率主力军在汉水西岸暂取守势，由沈尹戌调集方城之兵，快速到达淮汭，毁坏吴军舟船，阻塞三关，断其退路，然后囊瓦率主力军渡过汉水，对吴军实施南北夹击，必能歼灭吴军。

就在沈尹戌赶赴方城调兵之际，谋臣武城黑向囊瓦建议："如果等沈尹戌部夹击，那战功将为沈尹戌独得，不如先用汉水之军，击破东岸吴军，这样令尹的战功自然居于沈尹戌之上。"囊瓦听信了武城黑的谗言，以为凭实力可以击败吴军，于是改变与沈尹戌商定的夹击吴军计划，不等沈尹戌军到达，擅自率军渡过汉水进攻吴军。

吴国得知楚军夹击之谋，又看见囊瓦渡河来攻，为避免腹背受敌，且图扬长避短，发挥吴军步兵强，灵活机动，常于丘陵、山地作战的优势，抑制楚军战车多，利于平原作战的特点，于是主动后退，意图调动楚军于不利地形，寻机决战。囊瓦挥军直追，企图速胜。双方在小别至大别之间三遇三战，楚军连续受挫，锐气大减。

11月18日这一天，两军在柏举对阵。担任吴军先锋的吴王弟弟夫概，站了出来对吴王阖闾说："囊瓦这个人不仁不义，楚军没有几个愿为他卖命。我们主动出击，楚军必然溃逃，我军主力随后追击，必获全胜。"阖闾考虑胜败在此一举，不能有丝毫闪失，不同意夫概的意见。夫概回营后，对部将说："既然事有可为，身为臣子就应见机行事，不必等待命令。现在我拼死也要打败楚军，攻入郢都。"于是率领自己所属的5000人，直闯楚营。果然楚军一触即溃，阵势大乱。阖闾见夫概部突击得手，当机立断，发起全面攻击，楚军大败。囊瓦弃军逃奔郑国。

丧失主帅的楚军残部纷纷向西溃逃，吴军乘胜追击，不给楚军以重整旗鼓之机。追到清发水（今湖北安陆西的涢水），追上了楚军。阖闾要立即展开攻击，迫使楚军背水作战。夫概认为："困兽犹斗，楚军自知不能幸免而拼死一战，就可能击败吴军；如果让楚军有侥幸逃生的想法而渡河，就会失去斗志，所以半渡而击，必获大胜。"果然，楚军见吴军追至而未进攻，急于求生，争相渡河。等到楚军渡河渡到一半的时候，阖闾挥军攻击，又歼灭了楚军大部。

楚左司马沈尹戍得知囊瓦主力溃败，急率本部兵马赶来救援，在雍澨打败了夫概。吴军主力赶到后，孙武指挥部队迅速将沈尹戍部包围。沈尹戍奋勇冲杀，受伤三处仍无法冲出包围。最后见大势已去，遂令部下割下自己的首级回报楚王。

这时郢城内已是风声鹤唳，人心惶惶。楚昭王坐船西逃，没有任何防备力量。11月29日，吴军攻入郢都。柏举之战遂以吴军的辉煌胜利而告终。

吴、楚两军进行了一系列交战行动，吴军为什么能以少胜多呢？"避实而击虚"起到了重要作用！"水之行，避高而趋下，兵之形，避实而击虚；水因地而制流，兵因敌而制胜。故兵无常势，水无常形，能因敌变化而取胜者，谓之神。"（《虚实》）水流因地形的变化改变方向和流速，作战也要因敌情的变化决定取胜的方针。所以作战没有固定的方式，就像水没有固定的形状。能根据敌情变化随机应变而取胜的，就叫做用兵如神！

吴军所采取的一系列作战行动行云流水一般，并没有采取固定的战法，而是一切因当时的敌情、我情和地形条件等因素而灵活决定取胜的方针。比如：楚军主动渡河来攻，吴军没有前去应战，而是避其锋芒，主动后撤，往大别山里撤退，充分发挥己方步兵多，长于山地作战的特点，抑制楚兵战车多，长于平原作战的特点，调动楚军于不利地形。双方在小别至大别三遇三战，楚军接连受挫，双方抵达柏举再次对峙，吴军反守为攻，主动出击，充分利用楚军三战受挫，军形散乱，士气低落的时机，从而大败楚军。紧接着，楚军残部西逃，吴军乘胜追击，扩大战果，不给楚军重整旗鼓之机。楚军败退途中遇河（清发水），吴军在已经追上的情况下按兵不动，等待楚军渡河渡到一半时发起进攻，又歼楚军大部。之所以不直接进攻，是为了防止楚军背水一战，绝地反击。再然后，沈尹戍部回救，击败吴军的先锋部队，吴军主力采取包围的战法将其歼灭。最后，郢都防备空虚，吴军长驱直入，攻占郢都，从而大功告成。

所谓魔高一尺，道高一丈，再强大的敌人也有弱点，也会露出破绽，只要善于扬长避短、避实击虚，总能找到克敌制胜的办法。这就是孙子兵法作战指导思想的精髓。

四　总结与启示

孙子在《谋攻》篇提到了"知胜之道"："知可以战与不可

以战者胜，识众寡之用者胜，上下同欲者胜，以虞待不虞者胜，将能而君不御者胜。"我们就用他的"知胜之道"来注解这场他亲自参与指挥的战争。

第一，知可以战与不可以战者胜。意思是说：能判明敌我情况，知道能打胜就打，知道不能打胜就不打，有这种判断力的就会胜利。这讲的是开战时机的问题。吴国对可以打与不可以打是非常清醒的。一开始它自知打不过楚国，所以先不打，而是采取分兵袭楚的战略方针，削弱对手，积蓄力量。等到铲除钟吾和徐国后，吴王一度认为已经可以出手了，孙武却冷静地提醒他时机未到，仍然不能打。一直到楚国出兵伐蔡，蔡国被迫与吴结盟，共同讨伐楚国的前提下，才真正动手开战。这就启示我们，战争事关国家兴亡，一定要十分慎重，对战争形势要有客观准确的估计，如果条件尚不具备，就积极创造取胜的条件，直到时机成熟、有十足把握再动兵，切不可像赌徒一样被蝇头小利冲昏头脑，鲁莽轻率地发动战争。

第二，识众寡之用者胜。意思是说：懂得兵多时候的用法，也懂得兵少时候的用法的，就能胜利。吴军的用兵是非常灵活的。一开始吴军兵力少，就把兵力分成三部分进行轮战，一支在前线英勇作战，积累作战经验，其他的在后方调整补充，所以整个部队越战越强；得知囊瓦渡河东进后，吴军没有迎战，而是反客为主，主动后撤，诱敌深入，依托山地地形，用步兵打车兵，充分发挥优势。在追击阶段，还采取半渡而击的战法等等。可见吴军是深得用兵之法。这也启示我们，要根据敌情、我情和地形的变化灵活用兵，是进攻还是防御，打阵地战还是游击战，是陆战、水战还是山地作战，都要根据实际情况来确定。用兵之法贵在扬长避短，避实击虚，以己之强击敌之弱，这样才能有获胜的把握。

第三，上下同欲者胜。官兵同心一气，众志成城，就能胜利。在这个方面，吴、楚正好一正一反，对比鲜明。吴军上下目标高度一致，就是攻楚，求胜；而楚军这边，则是贪功，保命。就说说夫概和囊瓦这两个人。夫概，在柏举之战中，带领5000名精兵勇闯楚营，他的那句"今日我死，楚可入也"，令人印象深刻。今日我拼死也要打败楚军，攻入郢都，舍生取义，意志非常坚定。反观楚军的统帅囊瓦，为了独得战功，背信弃义，擅自出兵，柏举失利后更是直接弃军逃跑。身为统帅自私自利，贪生怕死，士卒更是唯命是保，部队自然是一败即溃。这也启示我们，打仗一定要统一官兵思想，指挥员更要意志坚定，全军上下拧成一股绳，心往一处想，劲往一处使，这样部队才有士气，才能打胜仗。

第四，以虞待不虞者胜。就是说：以自己有备对付敌人无备，就会胜利。吴国的战争准备非常充分，打的也是积极主动，从奉行疲楚战略开始，一直到攻入郢都，一直按照自己的意图在打，牵着楚国的鼻子走，而楚国根本没有做好防御吴国大举进攻的准备，处处被动挨打，所以难逃失败的厄运。这也启示我们，战场上的优势和主动权不是等来的，是自己主动作为争取来的。如何争取主动，就是要超前谋划、积极准备，先敌而动、攻其不备，这样才能把主动权握在手中。

第五，将能而君不御者胜。就是说：将帅有才能而国君不加以牵制，就会胜利。吴王阖闾本身精通谋略，能征善战，著名的春秋五杰就有他，他手下的孙武、伍子胥、夫概等，个个都是有勇有谋的虎将。阖闾非常信任他们，放手让他们发挥才干，自主地指挥战斗。特别是夫概，敢于"君命有所不受"，率领所属人马阵前出击，阖闾并没有降罪。之后还听从了他半渡而击的建议。我们看到阖闾作为国君，是非常开明的。打仗不是君主一个人的事，要知人善任，给将帅一定的自主权，充分调动他们的智慧和积极性；作为上级要言而有信，言出必果，答应的事就要做到，如果朝令夕改，自己就会丧失威信，部下也不会忠心追随。

孙武所谈的"知胜之道"，从知行合一、以知促行的角度来说，不也正是战争的制胜之道？这个战例告诉我们，孙武不仅是一位高屋建瓴、智慧超群的军事思想家，写就了一部流传千年、影响世界的兵学圣典，还是一位英勇善战、功勋卓著的将领，成就了一场"中国历史上以少胜多对比最悬殊的战役"（吕思勉），留下了一段"有提三万之众而天下莫当者，谁？曰：武子也"（《尉缭子》）的神奇佳话，辅佐名不见经传的吴国成功晋级一等国家！真是名副其实的兵家始祖！他的传奇令无数后人心驰神往……

参考文献

1. 邓学鹏：《孙子兵法对现代战争的启迪》，黑龙江人民出版社，1996。

2. 赵鲁杰、王钰：《孙子兵法与当代战争》，军事科学出版社，2015。

3. 陈相灵：《孙子兵法与战争谋略》，新华出版社，2012。

4. 吴清丽、张贵锁等：《孙子兵法在现代战争中的运用》，解放军出版社，2005。

5. 马骏：《马骏解读孙子兵法》，中华书局，2015。

6. 〔日〕是本信义：《孙子兵法》，中信出版社，2001。

7. 〔日〕冈田武彦：《孙子兵法新解》，重庆出版社，2017。

8. 王玉仁、谢国恩、姜登科：《孙子兵法与现代战争》，国防科技大学出版社，2002。

9. 赵鲁杰、王钰：《孙子兵法与当代战争》，军事科学出版社，2015。

10. 李德义：《当代军事理论与实践的思考》，军事科学出版社，2012。

11. 张建徽：《孙子兵法与现代局部战争》，军事科学出版社，2001。

12. 中共中央文献研究室第一编研部编著《毛泽东军事箴言》，

辽宁人民出版社，2017。

13. 范文澜：《中国通史简编》，商务印书馆，2010.

14. 《毛泽东军事文集》，军事科学出版社、中央文献出版社，2010。

15. 胡晓峰：《战争科学论——认识和理解战争的科学基础与思维方法》，科学出版社，2018。

16. 胡晓峰：《战争工程论——走向信息时代的战争方法学》，科学出版社，2018。

17. 蔡锷辑录《曾胡治兵语录》，广西师范大学出版社，2007。

18. 杨飞龙等：《军事地理环境的基本特性及对联合作战的影响》，《军事测绘》2010年第1期。

19. 徐进：《暴力的限度——战争法的国际政治分析》，中国社会科学出版社，2012。

20. 黄朴民、薛君度等：《孙子兵法及其现代价值》，军事科学出版社，1999。

21. 《孙子兵法》，上海古籍出版社，2015。

22. 范文澜：《大丈夫》，华东师范大学出版社，2013。

23. 中华人民共和国国务院新闻办公室：《中国的军事战略》（2015年5月），人民出版社，2015。

24. 许述：《这才是美军》，中国青年出版社，2017。

25. 华彬：《华彬讲透孙子兵法》，江苏凤凰文艺出版社，2015。

26. 肖天亮：《战略学》，国防大学出版社，2017。

27. 李际均：《中国军事战略思维论》，北京人民出版社，2017。

28. 李不白：《透过地理看历史》，台海出版社，2019。

29. 刘鲁民主编《中国兵书集成》，解放军出版社、辽沈书社联合出版，1987。

图书在版编目（CIP）数据

智胜之道：《孙子兵法》中的谋略艺术 / 王灿，王
荣辉主编. -- 北京：社会科学文献出版社，2021.6
ISBN 978 - 7 - 5201 - 8401 - 4

Ⅰ. ①智… Ⅱ. ①王… ②王… Ⅲ. ①兵法 - 中国 -
春秋时代 ②《孙子兵法》- 研究 Ⅳ. ①E892.25

中国版本图书馆 CIP 数据核字（2021）第 094790 号

智胜之道
——《孙子兵法》中的谋略艺术

主　　编 / 王　灿　王荣辉

出 版 人 / 王利民
组稿编辑 / 任文武
责任编辑 / 连凌云

出　　版 / 社会科学文献出版社·城市和绿色发展分社（010）59367143
　　　　　地址：北京市北三环中路甲 29 号院华龙大厦　邮编：100029
　　　　　网址：www. ssap. com. cn
发　　行 / 市场营销中心（010）59367081　59367083
印　　装 / 三河市尚艺印装有限公司

格 / 开　本：787mm × 1092mm　1/16
　　　　　印　张：13　字　数：156 千字
次 / 2021 年 6 月第 1 版　2021 年 6 月第 1 次印刷
号 / ISBN 978 - 7 - 5201 - 8401 - 4
介 / 68.00 元

印装质量问题，请与读者服务中心（010 - 59367028）联系